ココ

cocomiru

香川

琴平 小豆島 直島

瀬戸内海の晴れやかな天候に恵まれ、
四季を通じて温暖な香川県。
豊かな土地で育まれた名産品も数知れず。
五感をくすぐる讃岐の旅へ出かけましょう。

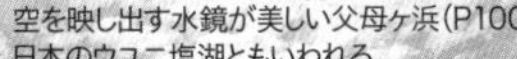
空を映し出す水鏡が美しい父母ヶ浜(P100)。
日本のウユニ塩湖ともいわれる

日本一小さな県には魅力がいっぱい！
豊穣の香川へおいでまい

左：四季折々の表情が見られる特別名勝 栗林公園（P80）／右：山頂展望台から瀬戸内海を一望できる紫雲出山（P100）

潮の満ち引きで現れる砂州・エンジェルロード(P40・44)

雲辺寺山頂公園で天空のブランコに乗る(P101)

海に島にすてきなアート…
色彩豊かな絶景を探しに！

国営讃岐まんのう公園(P31)は花の楽園

高松ベイエリアでアート作品を鑑賞(P76)

四国水族館(P95)で瀬戸内の水景に出合う

道の駅 小豆島オリーブ公園(P42・45)にはカラフルな雑貨店も

貨幣型の巨大砂絵がある琴弾公園(P101)

左：直島のシンボルの一つ「赤かぼちゃ」(P57)／右：道の駅 小豆島オリーブ公園(P42・45)で目を引くギリシャ風車

草間彌生「赤かぼちゃ」2006年　直島・宮浦港緑地　写真:青地大輔
©YAYOI KUSAMA

金刀比羅宮の御本宮までは
785段(P20)

長い石段の先にたたずむ海の神様

こんぴらさん幸せ参り

幸福と健康を
祈願された
お守り(P21)

表参道から431段上った
場所に2頭の神馬が

参拝後はこんぴら温泉郷の
名湯で癒やされよう(P28)

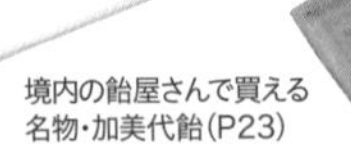

境内の飴屋さんで買える
名物・加美代飴(P23)

かわいいプリンをおみやげに(P26)

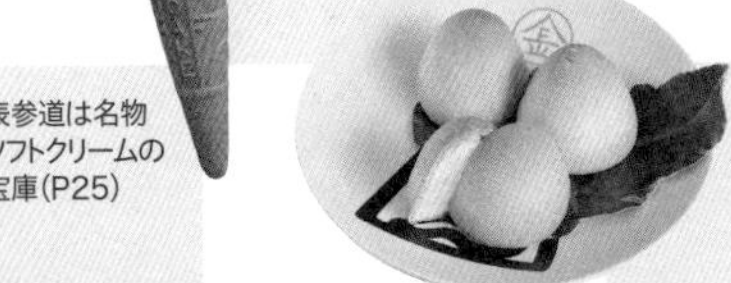

表参道は名物
ソフトクリームの
宝庫(P25)

歴史ある
こんぴら
みやげの一つ・
灸まん(P24)

コシの強い手打ち麺と瀬戸内産イリコだしが相性抜群(P32)

かけうどんと半熟卵天の最強コンビは竹清で(P83)

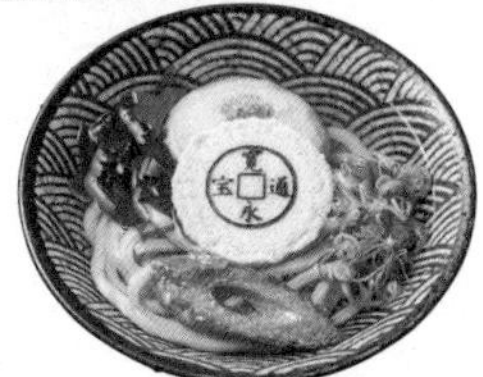

寛永通宝の焼き印が目を引くかねもちうどん(P35)

食べるだけでご利益がありそうな金箔うどん(P24)

県民自慢のソウルフード

さぬきうどんはマストです！

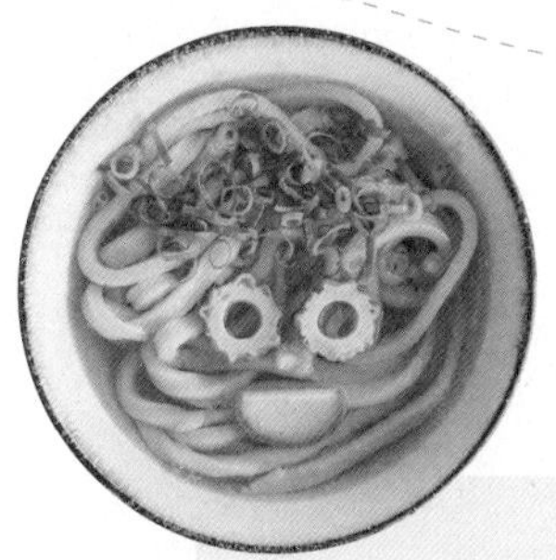

顔のように仕上げたトッピングがキュート(P34)

うどんめぐりはロケーションも魅力(P34)

変わりダネうどんなどバリエーションもさまざま(P82)

うどんのキャラクターがキーホルダーに！(P77)

うどん風グミはさわやかなレモン味(P77)

キャラクター・うどん脳モチーフのどんぶりも(P77)

香川ってどんなところ？

瀬戸内の温暖な気候に恵まれ アートや観光スポットが充実

47都道府県で最も面積の小さな県。南の讃岐山脈、北の瀬戸内海に挟まれ、温暖少雨の穏やかな気候と豊かな自然に恵まれています。金刀比羅宮（ことひらぐう）（☞P20）や四国八十八ヶ所霊場など多くの歴史ある寺社、アートや海景色を満喫できる瀬戸内海の島々も魅力。さぬきうどんが名物の通称「うどん県」としても有名。

大切な人と渡ると、天使が願いを叶えてくれるといわれるエンジェルロード（☞P40・44）

荘内半島に位置する紫雲出山（しうでやま）（☞P100）。春には約1000本の桜が咲き、初夏にはアジサイが訪れる人々を楽しませてくれる

おすすめシーズンはいつ？

年間を通して過ごしやすい 桜や紅葉の季節が特に素敵

一年を通じて温暖で晴天の日が多いので、一年中観光を楽しめます。なかでも、自然が美しく色づく春と秋がベストシーズン。春には琴弾（ことひき）公園（☞P101）や金刀比羅宮（☞P20）の桜が咲き誇り、秋には寒霞渓（かんかけい）（☞P41）や特別名勝 栗林（りつりん）公園（☞P80）が紅葉で色鮮やかに。春のサワラや桜鯛、秋のハマチなど、旬の新鮮な魚介も楽しみです。

香川へ旅する前に知っておきたいこと

海の絶景にアートにこんぴらさん、グルメと、
小さな県のなかに多彩な魅力がぎっしり。
じっくりリサーチして、効率よく県内を旅しましょう。

どうやって行く？

東京からは飛行機や新幹線
名古屋・大阪は新幹線で

東京からは飛行機で高松空港まで約1時間20分、新幹線利用の場合は岡山経由で約4時間半。大阪・名古屋からは新幹線や高速バスが利用できます。県内各地のみどころへは、電車やタクシー、車を利用するのが便利。小豆島は広いので車でまわるのが◎。直島、豊島へはフェリーで渡り、島内はバスやレンタサイクルを利用。アップダウンが多いので電動サイクルがおすすめです。

オリーブがテーマの体験施設やレストランを併設する道の駅 小豆島オリーブ公園(☞P42・45)

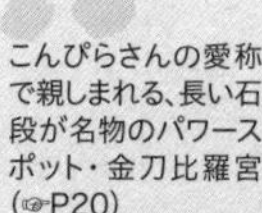

こんぴらさんの愛称で親しまれる、長い石段が名物のパワースポット・金刀比羅宮(☞P20)

どうまわったらいい？

金刀比羅宮は時間をとって
島や海辺の風景も満喫

高松を拠点に各地を巡るのが効率的なまわり方。金刀比羅宮は石段1段目から785段目の御本宮まで約30分、御本宮から583段上った奥社まで約30分と、参拝に時間がかかるので、高松観光と合わせて1泊2日はとっておきたいところ。こんぴら参りの前後に、観音寺や坂出などの海の絶景スポットに立ち寄ってみては。小豆島や直島、豊島へ向かうフェリーは高松港から出港しています。

香川観光で訪れたいのは？

金刀比羅宮、栗林公園が定番
島めぐりも香川の魅力です

こんぴらさんとして知られる金刀比羅宮（☞P20）は、香川観光に外せない定番スポット。門前でグルメや買い物も楽しめます。特別名勝 栗林公園（☞P80）は高松観光に組み入れたい名園。写真映えスポットが豊富な小豆島（☞P38）、アートの島として話題の直島（☞P56）・豊島（☞P62）への島旅も人気です。

春の桜や夏の花しょうぶ、秋の紅葉、冬の雪景色と、いつ訪れても美しい特別名勝 栗林公園(☞P80)

海に続く坂道がまるで海に飛び込むようとSNSで話題になった豊島の「海へ飛び込む道」

芸術に触れるなら？

直島や豊島など瀬戸内海の島々はアート作品の宝庫です

瀬戸内海に隣り合って浮かぶ直島と豊島は、どちらもアートの島として人気。直島には風景に溶け込むように美術館や屋外アート作品が点在し、古い街並みも楽しめます。豊島にも、独創的な美術館やアート作品が島のあちこちに。小豆島や丸亀、高松ベイエリアなど県内のあちこちにアートスポットが点在しているので散策を楽しみながら見つけるのも楽しみです。

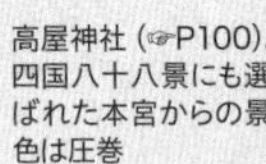

高屋神社（☞P100）。四国八十八景にも選ばれた本宮からの景色は圧巻

小豆島のオリーブ畑に設置されたリーゼントヘアのオブジェと記念撮影『オリーブのリーゼント』清水久和作（☞P45）

空を映し出す水鏡、「日本のウユニ塩湖」ともいわれる父母ケ浜（☞P100）

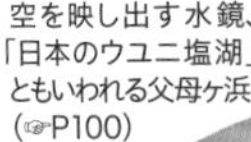

絶景が見たいならどこがいい？

ひと足延ばして三豊・観音寺、小豆島も絶景スポットが豊富

小豆島には、海に道が現れる「エンジェルロード」（☞P40）や紅葉が美しい寒霞渓（☞P41）などの変化に富む景勝地が多く、フォトジェニックスポットが豊富。まるでウユニ塩湖のような写真が撮れると話題の三豊市の父母ケ浜（☞P100）や、観音寺市の高屋神社の「天空の鳥居」（☞P100）も人気の高い絶景スポット。

ぜひ味わいたいのは？

さぬきうどん、骨付鳥、オリーブ
香川のソウルフードを満喫

香川の王道名物グルメといえば、コシの強い麺が自慢のさぬきうどん。県内どこでも気軽に本場の味を楽しめます。鶏肉をまるごと焼いた骨付鳥も、香川発祥の県民食。小豆島では、特産のオリーブオイルを使った料理やオリーブ牛、生そうめんなどが名物。海鮮料理も各地で味わえます。

コシのある麺とイリコだし、コスパのよさが自慢のさぬきうどんはバリエーションもさまざま(☞P32)

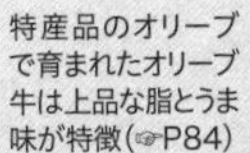

特産品のオリーブで育まれたオリーブ牛は上品な脂とうま味が特徴(☞P84)

お灸のもぐさをモチーフにした灸まんはこんぴらみやげの代表格(☞P24)

香川みやげは何がいい？

灸まんにさぬきうどんグッズ、
島の名産品などをゲットしたい

さぬきうどんや小豆島のオリーブオイル、醤油、手延べそうめんがグルメみやげの定番。銘菓では、こんぴらさんみやげの灸まん、丸亀名物の縁起物菓子「おいり」、和三盆など。丸亀うちわや讃岐かがり手まりなどの伝統工芸品、ユニークなさぬきうどんグッズも香川らしいおみやげで人気です。

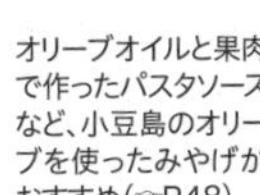

オリーブオイルと果肉で作ったパスタソースなど、小豆島のオリーブを使ったみやげがおすすめ(☞P48)

1日目

出発〜!

10:00 高松駅

四国の玄関口・高松駅に到着。ことでんや循環バスを利用して高松市内観光へ出発!

風情ある大名庭園は必見!

10:30 栗林公園

いつ訪れても美しく四季折々の表情が見られる特別名勝 栗林公園(☞P80)を散策

約30分かけて船で公園内を周遊する南湖周遊和船(☞P81)もおすすめ

12:00 さぬきうどん

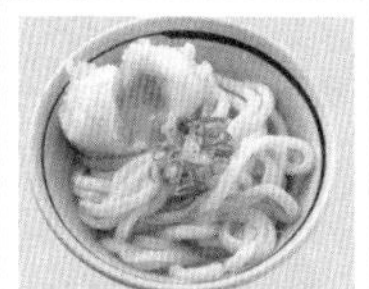

ランチは高松でさぬきうどん!(☞P82)。しっかりとしたコシとのど越しのよさは格別です

琴平へ!

13:45 琴平駅

高松駅から電車で約1時間。JR琴平駅に到着。駅舎は国の登録有形文化財

14:30 金刀比羅宮

こんぴらさんの愛称で親しまれる金刀比羅宮(☞P20)は香川屈指のパワースポット

ご利益を授かろう♪

長い石段が名物。階段の途中には美術品や宝物館もあるので見学するのも◎

御本宮の展望台からは讃岐平野や讃岐富士などの絶景が望めます

くつろぎのひととき

15:30

石段500段目にある憩いの場所、カフェ&レストラン神椿(☞P23)で名物パフェを堪能

16:00 こんぴら表参道

こんぴら表参道(☞P24)には名物グルメの店やみやげ物店が立ち並びます

ポップでかわいいこんぴらみやげが豊富に揃うYOHAKu26(☞P27)でお買い物

18:00 こんぴら温泉郷

おやす

参拝後は疲れを癒やすこんぴら温泉郷(☞P28)へ。名湯にゆっくり浸かってくつろぎ時間

1泊2日で とっておきの香川の旅

絶対に外せない名物グルメ・さぬきうどんに島の雄大な自然、歴史ある寺社仏閣など、香川の魅力をギュッと詰め込んだプランをご提案。島への移動は船旅を楽しみましょう。

2日目

おはよう！

10:00 高松港

琴平から高松まで戻り、フェリーに乗船して美しい自然、独自の文化が息づく小豆島へ

11:15 エンジェルロード

1日に1～2度干潮時に現れる、小豆島と中余島を結ぶ砂州の道を歩こう

12:30 道の駅 小豆島オリーブ公園

青と緑と白の世界は異国の風情たっぷり。園内にはカフェやショップ、美しいガーデンも

いただきま～す！

カフェ OLIVASでランチタイム。小豆島産のオリーブオイルを使ったメニューを堪能

14:00 二十四の瞳映画村

映画『二十四の瞳』のロケセットを改装した映画のテーマパークでタイムスリップした気分

写真をパシャリ

木造校舎にはそろばんなどの小道具も。映画の登場人物になりきって写真を撮ろう

15:30 港のアート作品を見学

土庄港ターミナルを改装した小豆島の玄関口。デザイナー・コシノジュンコ氏の作品を展示

オリーブの葉を王冠のかたちに仕立てた彫刻が金色に光り輝く『太陽の贈り物』崔正化作

17:00 北浜alley

高松に戻り、倉庫群や空き家をリノベーションした複合施設、北浜alley（☞P78）へ

カフェやベーカリー、雑貨店に旅館など、おしゃれで個性的な21の店が並びます

18:30 高松駅周辺

JR高松駅直結の商業施設「TAKAMATSU ORNE（☞P77）でおみやげを探そう

北館1階のみやげ物店、ハレノヒヤ（☞P77）では四国の魅力あふれるみやげが充実！

せっかく遠くへ来たんですもの

3日目はひと足延ばしてみませんか？

現代アートと美しい自然を堪能する島旅へ

現代アートの聖地である直島（☞P56）や豊島（☞P62）など、瀬戸内海の島旅へ。個性ゆたかな作品や美しい自然に感性が磨かれるひとときを。

「赤かぼちゃ」草間彌生 2006年
©YAYOI KUSAMA直島・宮浦港緑地
写真：青地大輔

映えるスポットの宝庫！三豊・観音寺へ

香川県の西部エリアは絶景の宝庫。父母ヶ浜（☞P100）の海景色、高屋神社（☞P100）の天空の鳥居など、SNSでも話題の絵になる風景に出合えます。

香川 琴平 小豆島 直島 ってこんなところ

さぬきうどんが有名な日本最小の県・香川には
歴史や文化にふれられる観光地や
自然豊かな島々、感性をくすぐるアート作品など、
さまざまなみどころが凝縮されています。

 観光エリアは大きく4つ

こんぴら参りで知られる琴平、オリーブが有名な小豆島、さらに直島をはじめとするアートな島々と、県庁所在地の高松が主な観光エリア。穏やかな瀬戸内海の眺めや、特別名勝 栗林公園など、行く先々で出合う美しい風景に癒やされたい。県内には約500軒のうどん店がひしめくので、お気に入りの店を探すのも楽しみ。

 プランニングは鉄道や船を上手に組み合わせて

本州からのアクセスは、飛行機で高松空港へ、自動車なら瀬戸大橋経由か大鳴門橋経由となる。コンパクトな県内にはみどころが点在しており、エリアをまたぐ際は車がおすすめだ。なお、高松市内の観光はことでんや循環バスが便利。瀬戸内海の島々を巡る際は、高松を拠点にフェリーや高速船を利用しよう。

▼幸せ参りで有名な金刀比羅宮は
香川屈指の観光スポット

なおしま・あーとなしまじま

直島・アートな島々 3

…P54

直島や豊島には現代アートが多く点在し、感性を刺激してくれる。フォトジェニックな男木島・女木島もおすすめ。

▲直島の「赤かぼちゃ」(草間彌生「赤かぼちゃ」2006年 ©YAYOI KUSAMA 直島・宮浦港緑地 写真/青地大輔)

たかまつ

高松 4

…P74

かつては城下町として栄えたエリア。倉庫街をリノベしたベイエリアの複合施設や、商店街が充実している。高松から電車で25分、車で20分ほどで行ける屋島のドライブもおすすめ。

1 高松藩主松平家の別邸だった特別名称 栗林公園
2 ベイエリアに立つ世界発のガラス灯台「せとしるべ」

ことひら

琴平 1

…P18

江戸時代にこんぴら参りが大流行した、金刀比羅宮のある街。門前町には個性豊かな店が並ぶ。おみやげ探しやグルメも満喫しよう。

▶歴史あるお菓子やかわいいグッズなど、自分好みのアイテムに出合いたい

しょうどしま
小豆島 2

…P38

高松からフェリーで約1時間の、自然豊かな島。日本三大渓谷美の一つ、寒霞渓もみどころだ。醤油やそうめんなど特産品も豊富。

◀道の駅 小豆島オリーブ公園のギリシャ風車

◀干潟のときに現れる砂の道・エンジェルロードは恋人の聖地

玉島IC
倉敷
新倉敷
山陽自動車道
山陽新幹線
山陽本線
岡山県
瀬戸中央自動車道
茶屋町
岡南飛行場
宇野みなと線
水島IC
備前片岡
水島臨海鉄道
水島本線
三菱自工前
鴨方
宇野
児島
児島IC
水島灘
瀬戸内海
犬島
小豆島
豊島
直島
男木島
女木島
直島・アートな島々
手島
広島
本島
瀬戸大橋線
瀬戸大橋
高松
琴電志度線
志度
丸亀・坂出
坂出
丸亀
備後灘
高見島
鴨川
国分
予讃線
高松中央IC
志度IC
津田寒川IC
高松檀紙IC
高松自動車道
多度津
坂出JCT
長尾
高松琴平電鉄長尾線
高徳線
善通寺IC
善通寺
詫間
三豊
高松琴平電鉄琴平線
高松空港
引田IC
三豊鳥坂IC
琴平
三豊・観音寺
香川県
高松自動車道
さぬき豊中IC
観音寺
徳島県
徳島自動車道
土成IC
大野原IC
燧灘
土讃線
脇町IC
徳島線
0 10km
N

ひと足延ばして行きたい！

▲日本一高い石垣のある丸亀城。天守は現存十二天守の一つ

まるがめ・さかいで
丸亀・坂出

☞P94

瀬戸大橋が架かる坂出や近くの丸亀エリアにも、丸亀城や四国水族館など、訪れたいスポットがある。

▲父母ヶ浜は美しい夕日スポットとしても知られる

みとよ・かんおんじ
三豊・観音寺

☞P100

県西端のエリア。近年、父母ヶ浜が「日本のウユニ塩湖」と話題になり、多くの観光客が訪れている。

ココミル cocomiru

香川 琴平 小豆島 直島

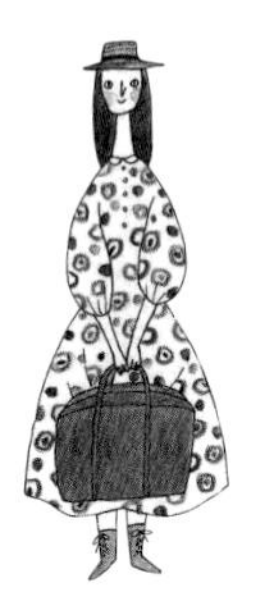

Contents

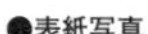

●表紙写真
父母ヶ浜(P100)、エンジェルロード(P40・44)、サンポート高松(P76)、四国水族館(P95)、高屋神社(P100)、カマ喜ri(P34)、金刀比羅宮(P20)、讃岐おもちゃ美術館shop・cafe(P92)

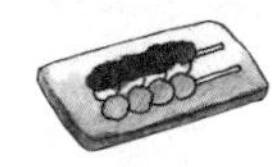

〈マーク〉

- 観光みどころ・寺社
- プレイスポット
- レストラン・食事処
- カフェ・喫茶
- みやげ店・ショップ
- 宿泊施設

〈DATAマーク〉

- ☎ 電話番号
- 住 住所
- ¥ 料金
- 開館・営業時間
- 休 休み
- 交 交通
- P 駐車場
- MAP 地図位置

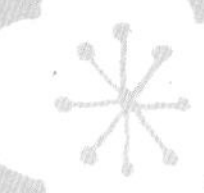

毎年春に歌舞伎を上演する旧金毘羅大芝居（金丸座）

讃岐の味覚いっぱいの名物パフェに舌鼓

御本宮の展望台からの景色も最高！

参拝の後はこんぴら温泉郷でリフレッシュ

金刀比羅宮ならではのお守りもたくさん

参道の両側に店が並ぶ門前町でおみやげをチェック

食べるだけでご利益がありそうなこんぴら金箔うどん

うどん作りの体験ができるスポットも

香川随一のパワースポット こんぴらさんのお膝元へ

金刀比羅宮で有名な琴平町へおでかけ。
神社を詣でた後は、門前町や温泉郷をぶらり散策。
自然や文化、歴史に触れられる観光も楽しみ。
古き良き街並みのなかに穏やかな空気が流れています。

歴史あるこんぴらみやげの代表格・加美代飴

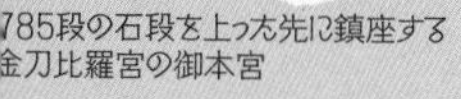

785段の石段を上った先に鎮座する金刀比羅宮の御本宮

これしよう！

パワースポット 金刀比羅宮へお参り

広い境内には歴史的価値の高い美術品や重要文化財などみどころ多数（☞P20）。

これしよう！

こんぴら温泉郷で旅の疲れを癒やそう

金刀比羅宮のお膝元に広がる、温泉宿が点在するエリアへ（☞P28）。

これしよう！

門前町でグルメ&おみやげウォッチング

個性豊かなショップが軒を連ねる門前町へ散策に出かけましょう（☞P24）。

こんぴらみやげの定番商品の「灸まん」（☞P24）

ソフトクリームストリートで個性派ソフトを堪能（☞P25）

手作りプリンの専門店でバリエーション豊富なプリンをゲット（☞P26）

しあわせ参りでパワーチャージ

琴平

ことひら

こんなところ

香川随一の観光スポット、金刀比羅宮があるエリア。金刀比羅宮は、参道入口から御本宮まで続く785段もの長い石段が有名。御本宮前からは絶景が眺められるので、参拝と併せて楽しもう。かつての参道であった門前町でおみやげをゲットしたら、こんぴら温泉郷で日帰り入浴を楽しんで。

access

●高松駅から金刀比羅宮へ

JR高松駅から予讃線・土讃線琴平行きで1時間2分、JR琴平駅下車、徒歩30分

問合せ☎0877-75-6710
琴平町観光商工課

問合せ☎0877-75-3500
琴平町観光協会

広域MAP 折込表

～琴平 はやわかりMAP～

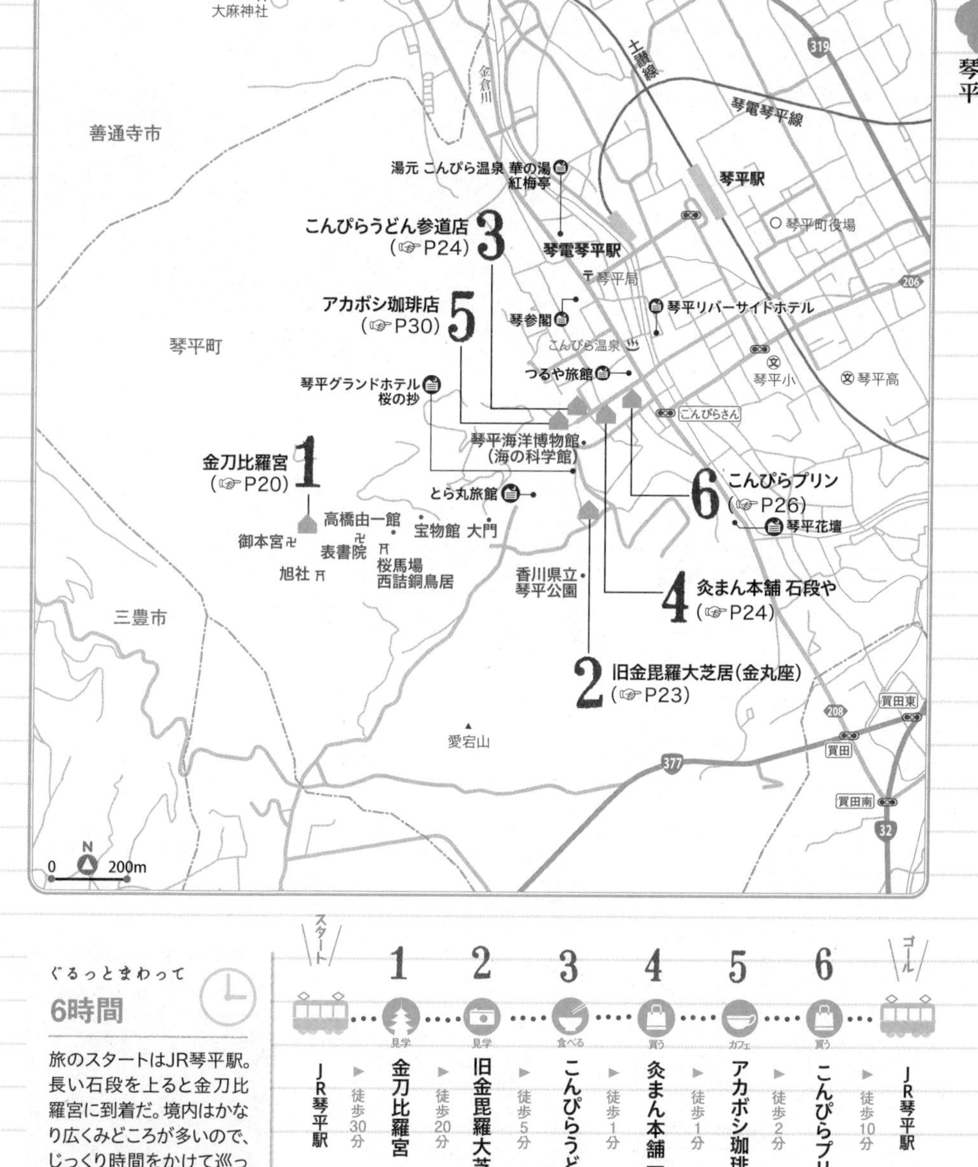

ぐるっとまわって

6時間

旅のスタートはJR琴平駅。長い石段を上ると金刀比羅宮に到着だ。境内はかなり広くみどころが多いので、じっくり時間をかけて巡って。帰りは門前町のうどん店やカフェ、おみやげ店に立ち寄ろう。

- スタート JR琴平駅 ▶ 徒歩30分
- 1 見学 金刀比羅宮 ▶ 徒歩20分
- 2 見学 旧金毘羅大芝居（金丸座） ▶ 徒歩5分
- 3 食べる こんぴらうどん参道店 ▶ 徒歩1分
- 4 買う 灸まん本舗 石段や ▶ 徒歩1分
- 5 カフェ アカボシ珈琲店 ▶ 徒歩2分
- 6 買う こんぴらプリン ▶ 徒歩10分
- ゴール JR琴平駅

四国屈指のパワースポット こんぴらさんでしあわせ参り

長い階段が続くので一段一段ゆっくりと進もう

全国各地にある金刀比羅神社の総本社。「一生に一度は参りたい」と憧れられるほど古くから知名度のあるこんぴらさんでご利益を授かろう。

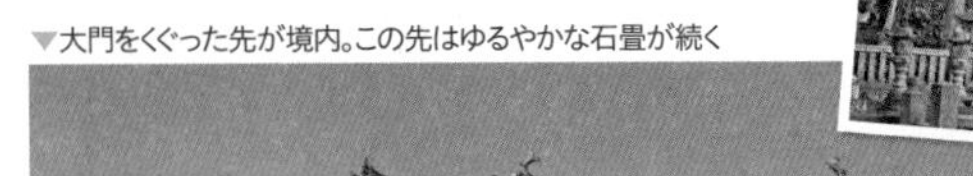

▼大門をくぐった先が境内。この先はゆるやかな石畳が続く

参拝のきほんQ&A

Q.こんぴらさんはなぜ山に立っているの？

金刀比羅宮の立つ象頭山は、神話に登場する大物主神（おおものぬしのかみ）の拠点の一つとされる。主祭神を祀る場所として、ゆかり深い山の中腹に境内を開いたのだそう。

▲象頭山は、古くから瀬戸内海を航海する人たちの目印でもあった

Q.どんなご利益があるの？

大物主神は、五穀豊穣や産業・文化の繁栄など国や人々に平安をもたらす神様として有名。また、航海安全のご利益でも信仰があつい。

Q.どんな服装で行けばいい？

参拝には往復1000段を超える上り下りが必要なため、動きやすい服装で行こう。参道の途中には、レンタルの杖を扱う店も多い。

Q.エリア内の移動手段はある？

365段の大門前までラクに向かえる移動手段がある。駅や門前町周辺にも停まるシャトルバスが便利。

こんぴらさんぱいとざんしゃとる

こんぴら参拝登山シャトル

☎0877-73-2221（コトバスMX）¥1名片道700円 ※要予約（当日も可）

JR・ことでん駅前でも乗り降りOK

ことひらぐう

金刀比羅宮

全国の金刀比羅神社の総本宮

年間約400万人もの参拝客が訪れ、中世以前から海上交通の守り神として知られている。社寺参拝が大流行した江戸時代には全国的な人気を誇り、今も遠方から多くの参拝客が訪れる。

☎0877-75-2121（金刀比羅宮社務所）住琴平町892-1 ¥参拝無料（一部有料施設あり）🕒10～16時 休無休 交JR琴平駅から徒歩30分（大門まで）P町営駅前駐車場利用 MAP折込表A5

こちらもCHECK!

こんぴら狗 こんぴらいぬ

銅鳥居のそばに立つチャーミングな犬の像。江戸時代、遠方の人々が自らの代わりに犬をこんぴら参拝に向かわせる風習があったことに由来。

おおもん

大門

365段

慶安2年（1649）に水戸光圀の兄・松平頼重が寄進したとされる、金刀比羅宮の総門。二層入母屋造・瓦葺きによる迫力満点の構えで参拝客を迎える。

431段

さくらのばばにしづめどうとりい

桜馬場西詰銅鳥居

桜馬場を抜けた先に立つ大鳥居。もともとはことでん琴電琴平駅近くに立っていたが、大正元年（1912）、当時の力士によって現在の場所に移されたのだとか。

▶「しあわせさん。こんぴらさん。」と書かれた黄色の看板が目を引く

幸せのお守りで運気UP！

「幸福の黄色いお守り」はこんぴらさんを代表するお守り。華やかな鬱金色の肌守りは、病気や災いごとから身を守ってくれる。

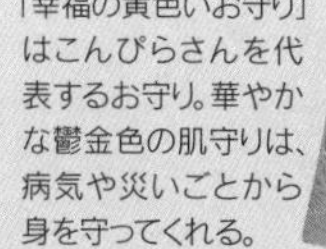

◀幸せの黄色いお守り1000円。御札所で授与される

◀▲カード型御守り各1000円。お財布などに入れて持ち歩ける

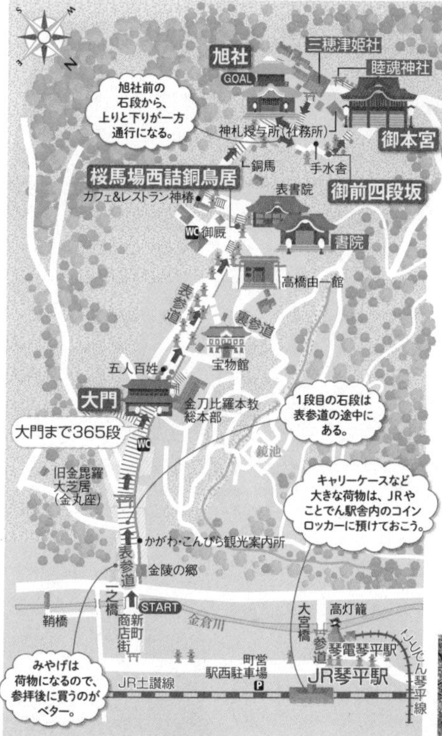

▼荘厳なたたずまい。御本宮の先にあるが行く価値あり

628段

あさひしゃ
旭社

御本宮からの下向道に立ち、国の重要文化財にも指定されている総欅造・二重入母屋造の社殿。天保8年（1837）の竣工までに約40年もかかったのだとか。 旭社自体は628段にあるが、一方通行で行きは通れないため、帰りに立ち寄ってみて。

▼古くから農業・殖産・医薬・海上守護の神としてご神徳を仰がれている

おまえよんだんざか
御前四段坂

652段

御本宮前の最後の難所となる上り坂。全133段が4段階に分かれて続く、参道でも随一の急勾配だ。緑深い坂の途中には、農作物の神を祀る御年神社をはじめ、摂社・御末社も点在。

▶階段を上っていくと徐々に御本宮が見えてくる

785段

ごほんぐう
御本宮

大化の改新（645年）以前の創建とされる本殿。何回もの改築を経て、明治11年（1878）に現在の姿になった。檜材を用いた外観や、壁板に施された蒔絵など見ごたえあり。

◀二拝二拍手一拝をして神様に願い事を伝えよう

門前町から始まる石段の参道は、本殿である御本宮まで785段、奥社まで含めると1368段もある。願いを込めて上りご利益アップ！

ここにも行きたい！ 境内の立ち寄りスポット

大門をくぐった先、石段の参道が延びる境内には、歴史ある建造物やミュージアムなどが点在。ひと息つけるカフェや老舗みやげ店にも注目です。

ほうもつかん
宝物館

400段

文化財が並ぶ 西日本最古級の博物館

観音像や肖像画など、金刀比羅宮の宝物50点以上を展示。明治38年（1905）に建てられたモダンな建築もみもの。

十一面観音立像

檜材一本造の観音像。平安時代の作で、国指定の重要文化財

共通DATA

☎0877-75-2121（金刀比羅宮社務所）¥入館800円（3施設共通）🕘9～17時（入館は～16時30分）休無休（公演開催時は休館の場合あり）

宝物館に展示されている甲冑

金刀比羅宮へ奉納された数々の甲冑が展示されている

たかはしゆいちかん
高橋由一館

431段

日本洋画の父・高橋由一の傑作を展示

日本洋画を開拓した明治初期の画家・高橋由一の作品を展示。身近な題材をモチーフにした27点を常設展示している。

豆腐

豆腐の質感をリアルに描いた代表的な作品

月下隅田川

小襖に描かれた、月夜の静かな情景

おもてしょいん
表書院

477段

円山応挙の襖絵は見ごたえ抜群！

江戸時代後期の画家・円山応挙の障壁画が見られる。客殿として使用された建物は、障壁画とともに重要文化財に指定されている。

上段之間『瀑布古松図』

墨一色のみで滝の流れと松の木を表現

虎之間『遊虎図』

「水呑みの虎」として有名。表情から毛並みまでいきいきとした姿を描写

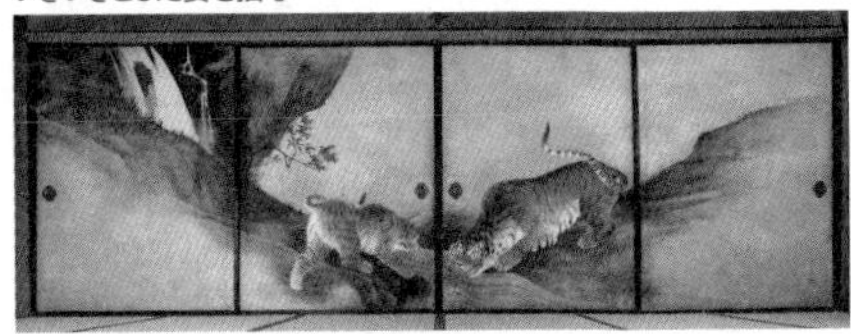

ごにんびゃくしょう
365段
五人百姓

こんぴらさん名物の飴を販売

大門を入ってすぐの場所（＝境内）で販売を特別に許されている5軒の飴屋。約800年もの間受け継がれている名物「加美代飴（かみよあめ）」を扱っている。

▲加美代飴5枚入り500円～。ほんのりユズの香りがするご利益飴は一つ一つが手作り。付属の小さな小槌で割って食べる

こちらもCHECK!

ごにんびゃくしょう いけしょうてん
五人百姓 池商店

歴史ある飴をアレンジ!

寛元3年（1245）創業。名物「加美代飴」をはじめ、四国のおみやげ品を多く取り揃えている。「飴屋さんのおやつ」として名物の「加美代飴（かみよあめ）」をアレンジしたカフェメニューも販売。ひやしあめソーダ450円や飴がけソフト400円などが人気。

☎0877-75-3694 住琴平町933 ⏰9時30分～18時 休不定休 交JR琴平駅から徒歩15分 Pなし MAP折込表B5

▼飴屋のロリポップ1本350円。フルーツのほどよい酸味とべっこう飴のやさしい甘さが絶妙

◀ひやしあめソーダ450円

かふぇあんどれすとらんかみつばき
500段
カフェ&レストラン神椿

讃岐の味覚いっぱいの名物パフェを堪能

豊かな自然に囲まれたカフェ&レストランでひと休み。伝統菓子のおいりをトッピングする華やかな神椿パフェが人気。

☎0877-73-0202 住琴平町892-1 ⏰カフェ10時～16時30分LO、レストラン11時30分～14時LO 休レストランは火曜 交JR琴平駅から徒歩35分（大門から5分） P20台（利用者のみ駐車可） MAP折込表B5

▲神椿パフェ1320円。郷土菓子・おいりや県産のミカンなどを使用

▲境内に群生するヤブツバキを描いたアートも見もの

境内外のみどころもCHECK

きゅうこんぴらおおしばい（かなまるざ）
旧金毘羅大芝居（金丸座）

現存する日本最古の芝居小屋を見学

天保6年（1835）に創建された芝居小屋で、国の重要文化財にも指定されている。興行は一年に一度のみ、毎年4月に行われ、「四国こんぴら歌舞伎大芝居」として全国に多くのファンをもつ。

☎0877-73-3846 住琴平町1241 ¥入館500円 ⏰9～17時 休無休（公演開催時は休館の場合あり） 交JR琴平駅から徒歩15分 Pなし MAP折込表B5

▶入口上部に掛かっている看板にも注目したい

▼興行時以外は舞台裏の仕組みなど館内を見学できる

かがわけんりつことひらこうえん
香川県立琴平公園

展望台から瀬戸内海を一望

金刀比羅宮の南側、金山寺山にある広大な公園。旧金毘羅大芝居（金丸座）のそばにある遊歩道口から10分ほど歩くと、金刀比羅宮や讃岐平野、瀬戸内海まで見渡せる山頂展望台に到着。きれいに整備された遊歩道を、春は桜など四季の花が彩る。

☎0877-75-6710（琴平町観光商工課） 住琴平町川西977-2 ¥⏰休園内自由 交JR琴平駅から車で5分 P14台 MAP折込表B5

▲標高約150mにある山頂手房台からの眺めは爽快

表参道から大門までには、食事処やみやげ物店が軒を連ねる。定番のみやげのほか、食べ歩きグルメも要チェックだ。

参拝後に立ち寄りたい門前町の名物グルメ＆スイーツ店

こんぴら詣での後は、参道を散策。名物のまんじゅうやソフトクリームを食べて石段を上った自分へのご褒美タイムを満喫しよう。

こんぴらおもてさんどう
こんぴら表参道

金刀比羅宮に至る参詣路が表参道。沿道には飲食店やみやげ物店が軒を連ねている。大門までの長い石段の両側にも、名物のうどんや和洋スイーツ、テイクアウトグルメがずらり。参拝後にゆっくりと味わいたい。

◀老舗などの古風な建物が並ぶ風情ある通り。石段とはまた違った雰囲気

▲こんぴら金箔うどん1368円は食べるだけでご利益がありそう

本格うどんを歴史ある元旅館で

こんぴらうどんさんどうてん
こんぴらうどん参道店

風情漂う歴史ある建物で、こんぴら水と瀬戸内の塩、小麦のみで作る、伝統的なうどんを味わえる。しっかりとしたコシが特徴。

☎0877-73-5785 住琴平町810-3 ⏰10～16時（土・日曜、祝日9時～）休無休 交JR琴平駅から徒歩10分 P20台 MAP折込表B5

◀しょうゆとり天780円

歴史あるこんぴらみやげの代表格

きゅうまんほんぽ いしだんや
灸まん本舗 石段や

旅籠として創業した老舗の和菓子店。お灸のもぐさをモチーフにした灸まんが名物。イートインも可。

☎0877-75-3220 住琴平町798 ⏰8～17時 休無休 交JR琴平駅から徒歩9分 Pなし MAP折込表B5

灸まん1個100円。かつてお灸のサービスをしていたことが形の由来。黄身餡がぎっしり

参道名物のジューシーコロッケ

ひらおかせいにくてん
平岡精肉店

コロッケが人気の名物精肉店。肉と生地を混ぜないで揚げる作り方で、沖縄まーさん豚の肉汁がダイレクトに味わえる。平岡ママのメンチカツ（揚）350円もおすすめ。

☎0877-75-3866 住琴平町220 ⏰9～18時（コロッケ販売時間）休水曜、第2・4火曜 交JR琴平駅から徒歩6分 Pなし MAP折込表B5

ホクホクのタマネギとジャガイモの中からミンチがたっぷりのコロッケ（揚）1個220円

1日に3000個も売り上げることがある人気店

木に囲まれたカフェでお食事

かふぇ もりとやま
cafe 森と山

「森の中でお食事」をコンセプトにした木のインテリアが並ぶおしゃれな店内。カレーやそうめんなどのフードメニューや高瀬茶などのドリンクも充実している。

☎0877-89-6743 住琴平町959-4 ⏰8～19時 休無休 交JR琴平駅から徒歩10分 Pあり MAP折込表B5

カレー好きのオーナーが考案した自家製ビーフカレー900円

オリーブ牛とオリーブ豚を使用したパティに香川県産のアスパラを使用した「こんぴらバーガー」1280円は必食!

高松から ことでんに乗って 琴平へ

香川の玄関口、高松エリアの高松築港駅からことでん琴平線を利用して琴平へ。高松築港駅から琴電琴平駅までは乗り換えなしで1時間2分、730円。どちらも始発駅なので座って乗車できるのもうれしい。

元祖嫁入りおいりソフトクリーム350円。香川の伝統餅菓子・おいりをトッピング。サクサク感がアクセント。おいりソフトの元祖！

ポップでキュート見た目も味も◎

なかのやことひら
ナカノヤ琴平

中野うどん学校A館にある「ナカノヤ琴平」はおいりソフトクリームの元祖。カラフルでキュートな見た目とシュワッととけるような軽やかな舌ざわりが、上品な甘さの和三盆ソフトクリームにぴったり。

☎0877-75-0001 住琴平町796 ⏰9～17時 休無休 交JR琴平駅から徒歩10分 P50台 MAP折込表B5

表参道は ソフトクリームストリート

こんぴらの新名物として定着したソフトクリーム。
こんぴらならではの個性的な一品をチェックしましょう。

かまたまうどんを模したかまたまソフト350円。ネギと醤油が意外にマッチ

甘じょっぱさがクセになる♪

しょうゆまめほんぽ おもてさんどうてん
しょうゆ豆本舗 表参道店

見た目もうどんにそっくりな「かまたまソフト」のほか、金箔一枚を使った金箔ソフトなど種類が豊富。

☎0877-75-3788 住琴平町811 ⏰10～17時 休水曜 交JR琴平駅から徒歩8分 Pなし MAP折込表B5

西讃岐の縁起物の伝統菓子をトッピングした幸せおいりソフト（醤油、和三盆、希少糖ミルク）350円

可愛い見た目で味は3種類

ことひらてらす
ことひらテラス

カカオ豆を砕いたカカオニブ入りあんこに生チョコ、季節のフルーツをプラスしたこんぴらどらやき（3種類）500円も人気。

☎0877-75-0001(ナカノヤ琴平) 住琴平町716-5 ⏰10時30分～16時30分 休不定休 交JR琴平駅から徒歩8分 Pなし MAP折込表B5

たっぷり蜜を含んだ蜂の巣をそのままトッピングした巣房蜜ソフトクリーム900円

栄養たっぷり美容効果も◎！

すぎようほうえん こんぴらてん
杉養蜂園 金刀比羅店

養蜂家企業が営むハチミツ専門店。蜂の巣をトッピングした上からさらにハチミツをかけた贅沢な逸品を堪能。

☎0877-75-0538 住琴平町802 ⏰9時～17時45分 休不定休 交JR琴平駅から徒歩10分 Pなし MAP折込表B5

表参道にある中野うどん学校 琴平校（☞P30）で、うどん作りの体験ができます。その場で食べるのも持ち帰りもOK。時間など事前に確認を。

名物スイーツやお酒、雑貨まで 個性豊かなこんぴらみやげ

金刀比羅宮の参道には、老舗から新店まで魅力的なお店がズラリ。のんびり散策しながら、素敵なおみやげを探しましょう。

深海ブルー とんぼ玉ブレスレット
2200円
オリジナルのとんぼ玉で作ったパワーブレスレット ❸

(左から) **幸せの黄色いプリン、レトロプリン、コーヒ牛乳プリン、抹茶プリン　430～480円**
固めのプリンやなめらかなプリンなど、バリエーションは全部で6種類 ❷

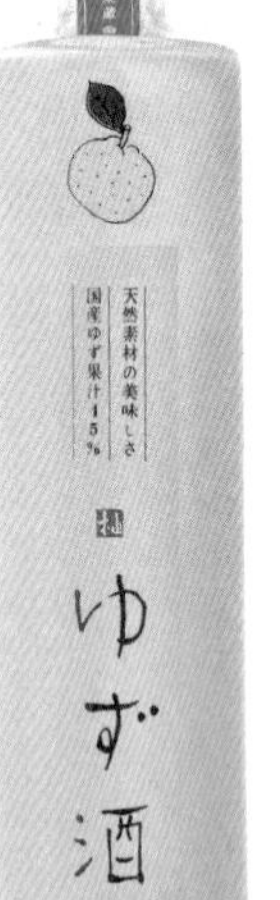

さざれ石
220円～
多様な運気が込められた石やガラス玉（ポーチは別途110円）❸

ゆず酒　1711円
四国産ユズの果汁をふんだんに使用した人気の逸品。香り高く女性におすすめ ❶

楠神原酒　2305円
酒造りの守木である大楠から採取した天然酵母で醸したお酒。さわやかな香りとジューシーな風味が特徴 ❶

船々せんべい
24枚入り 1000円
新鮮な卵黄を使用した帆形のせんべい。硬めの食感がやみつきになる名物 ❹

きんりょうのさと
金陵の郷 ❶

ユズがさわやかに香る美酒

創業約230年の歴史ある蔵元で、金刀比羅宮の御神酒も製造。酒造りが学べる資料館と販売店を併設している。

☎0877-73-4133 住琴平町623 ¥入館無料 ⏰9時～16時30分(土・日曜、祝日は～17時30分)、資料館9～16時(土・日曜、祝日は～17時)※入館は閉館各30分前まで 休無休 交JR琴平駅から徒歩8分 Pなし MAP折込表B5

こんぴらぷりん
こんぴらプリン ❷

なめらかプリンをお持ち帰り！

手作りプリンの専門店。濃厚な「それいゆ卵」と、北海道産純生クリームを使用した本格派プリンなどを販売。

☎0877-85-5560 住琴平町716-5 ⏰9時30分～17時30分（土・日曜、祝日は～18時）休無休 交JR琴平駅から徒歩10分 Pなし MAP折込表B5

でこぼこどう こんぴら
凸凹堂 金毘羅 ❸

しあわせパワーを身につけよう

世界中の天然石やガラスで作るアクセサリーを販売。アクセサリー以外にガラス雑貨も。

☎0877-58-8875 住琴平町715-1 ⏰9時30分～17時30分 休無休 交JR琴平駅から徒歩10分 Pなし MAP折込表B5

うどんモチーフのアイテムたち

うどんなどの香川名物をモチーフにした和雑貨を中心に、遊び心あふれるみやげを多数販売している七十七堂 金毘羅店(なずなどう こんぴらてん)。テイクアウト限定のカフェも話題。☎0877-35-8700 住琴平町931 営10～17時(冬期は～17時30分) 休不定休 交JR琴平駅から徒歩13分 Pなし MAP折込表B5

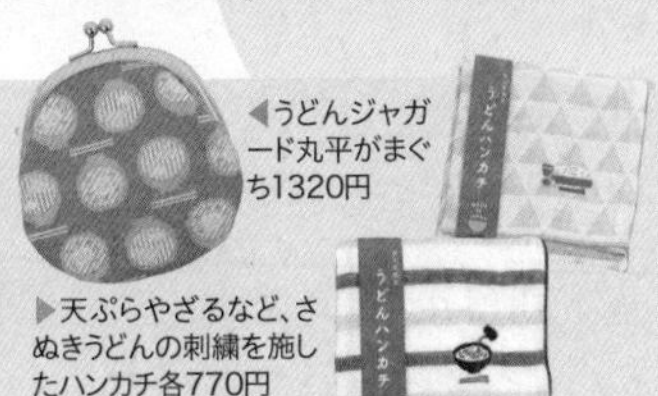

◀うどんジャガード丸平がまぐち1320円

▶天ぷらやざるなど、さぬきうどんの刺繍を施したハンカチ各770円

こんぴら順風満FUNだるま
1個880円～
楽しいことを思い出してほしいという思いから作られただるま。「こんぴら」の文字が波模様風に。全7色3サイズ ⑥

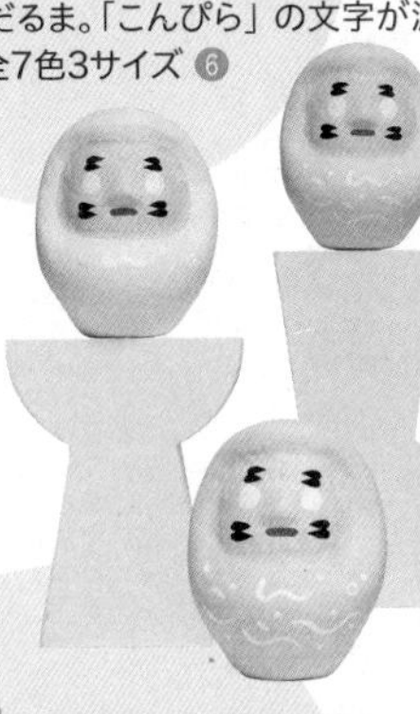

こととこ手ぬぐい(石段ボーダー)
各1100円
こんぴらモチーフのオリジナル柄。広げると石段が現れる。他にも2柄あり、各3色展開 ⑤ ⑥

和三盆入り 石松まんじゅう
1個150円
卵風味のカステラにこし餡が入った名物。こんぴら代参で有名な森の石松の三度笠がモチーフ ⑤

GOSYUINノート(宝船) 2530円
織物職人のブランドに製造依頼したオリジナルの御朱印帳。海の神様をイメージした柄は旅の記念にも ⑥

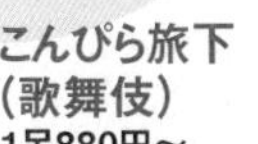

こんぴら旅下(歌舞伎)
1足880円～
水彩画家に依頼したオリジナル柄。ほかに「海の神様」や「代参犬」もあり、各3色2サイズ展開 ⑥

本家船々堂(ほんけふねふねどう) ④
伝統的なご利益せんべい
明治42年(1909)の創業のせんべい店。イートインスペースもあり、名物せんべいを片手にくつろげる。

☎0877-73-2020 住琴平町952 営8～17時 休時期により異なる 交JR琴平駅から徒歩15分 P5台 MAP折込表B5

紀ノ国屋本店(きのくにやほんてん) ⑤
こんぴらモチーフの手ぬぐい
石段沿いでこんぴら銘菓を製造販売。お菓子のほかにもセレクトコーナーなどで多彩なアイテムを販売。

☎0877-75-2474 住琴平町983 営10時ごろ～17時ごろ 休水曜(臨時休業あり) 交JR琴平駅から徒歩12分 Pなし MAP折込表B5

YOHAKu26(よはくにじゅうろく) ⑥
旅の余白を日常に持ち帰る
店内にはわくわくするような新感覚のオリジナルこんぴら雑貨が並ぶ。カラフルでかわいいおみやげ探しにピッタリ。

☎なし 住琴平町948-2 営13時ごろ～17時ごろ(変動あり) 休月～金曜(連休の祝日は営業) 交JR琴平駅から徒歩12分 Pなし MAP折込表B5

JR琴平駅から10分ほどのところにある「かがわ・こんぴら観光案内所」には、案内コーナーに豊富な観光資料、ショップを併設しています。

上質な湯に癒やされる こんぴら温泉郷の宿でほっこり

こんぴらさんにお参りした後は、門前町の湯宿でリラックス。
それぞれに趣向を凝らした温泉で、旅の疲れを流しましょう。

ことひらぐらんどほてる さくらのしょう

琴平グランドホテル 桜の抄

表参道の眺望抜群の人気宿

和洋折衷のモダンな客室を完備した宿。バラの花弁を浮かべた華風呂をはじめ、琴平の街を一望できる展望レストランなど、癒やしのおもてなしが満載だ。

☎0877-75-3218 住琴平町977-1 交JR琴平駅から徒歩15分（送迎あり、要予約） P40台 MAP折込表B5

1 和モダン調のおしゃれな雰囲気漂う和洋室「ゆずらん」 2 別邸初音（露天風呂付き客室）でのんびりとくつろぐひとときを 3 夜は女湯限定でロマンチックな華風呂が登場

料金
1泊2食付
平日 2万3800円～
休前日 2万8200円～
IN 15時／OUT 10時

料金
1泊2食付
平日 2万4350円～
休前日 3万1900円～
IN 15時／OUT 10時

ことひらかだん

琴平花壇

文人たちが愛した宿で優雅な時間

かつて森鷗外や北原白秋といった文人も逗留した歴史ある宿。庭園には数寄屋造りの離れが点在し、和室や和モダンな洋室などもある。

☎0877-75-3232 住琴平町1241-5 交JR琴平駅から徒歩15分（送迎あり、要予約） P40台 MAP折込表B5

1 竹林を望む露天風呂で風情ある湯浴みを満喫できる 2 オリーブ牛や新鮮な魚介がたっぷり味わえる会席料理（写真はイメージ）

こんぴら温泉郷の特徴

3つの源泉から毎分約400ℓ湧き出る湯は、無色透明でさらりとした肌ざわりが特徴の塩化物泉。JR琴平駅から金刀比羅宮へと続く一帯に立ち並ぶ宿の湯船へと注がれ、こんぴら詣でに訪れた参拝客の疲れを癒やしてくれる。

ゆもと こんぴらおんせん はなのゆ こうばいてい

湯元 こんぴら温泉 華の湯 紅梅亭

15種類の湯を堪能

2つの源泉と15種類の湯を備える温泉宿。旬の味覚を味わえる割烹ダイニングも人気だ。2024年3月には全室リニューアル。温泉露天風呂付き和洋室が登場し、よりいっそうくつろげる空間になった。

☎0877-75-1111 住琴平町556-1 交JR琴平駅から徒歩5分(送迎あり、要予約) P70台 MAP折込表B5

料金
1泊2食付
平　日 2万7100円～
休前日 3万1500円～
IN 15時／OUT 10時

1 外湯感覚が味わえる多彩な湯が自慢 2 ロビーでは琴の生演奏が楽しめる

料金
1泊2食付(2名1室／1名分)
平　日 1万1000円～
休前日 1万3200円～
IN 15時／OUT 10時

つるやりょかん

つるや旅館

料理自慢の宿で琴平の夜を満喫

地元の食材を使い、和食の料理人がもてなす会席料理が魅力の宿。隣接の居酒屋ダイニングも人気。

☎0877-75-3154 住琴平町620 交JR琴平駅から徒歩7分 P40台 MAP折込表B5

1 こんぴらさん参道入口にあり、観光に便利 2 全国から選りすぐった食材や、瀬戸内海の旬の魚介、地元の食材を生かした会席料理に舌鼓

ことひらりばーさいどほてる

琴平リバーサイドホテル

コスパ抜群の駅近ビジネスホテル

温泉大浴場があるビジネスホテルで、観光客にも人気。別料金で周辺の旅館の温泉も利用できる。全室Wi-Fi完備。

☎0877-75-1880 住琴平町246-1 交JR琴平駅から徒歩5分 P10台 MAP折込表B5

料金
1泊朝食付(ツイン)
平　日 9500円～
休前日 1万1150円～
IN 10時／OUT 15時

1 ベッドは全室セミダブルサイズでゆったり快適に過ごせる 2 1階ではこんぴら温泉郷「琴平町智光院温泉」の温泉を楽しめる

平成9年(1997)に温泉が発見されたこんぴら温泉郷。金刀比羅宮への参拝と温泉の両方を楽しめる観光地として人気を集めています。

ココにも行きたい

琴平のおすすめスポット

しこくまんなかせんねんものがたり
四国まんなか千年ものがたり

こんぴら参りと併せて楽しみたい!

JR土讃線の多度津（香川）～大歩危（徳島）間を土・日曜、祝日を中心に運行する観光列車。途中にある琴平駅では、10時48分発大歩危行き（下り）への乗車と、大歩危駅14時21分発多度津行き（上り）での下車が可能なので、旅のプランにうまく組み込もう。詳細は公式Webサイトで要事前確認。DATA☎0570-00-4592（JR四国電話案内センター）¥多度津～大歩危間乗車料金4330円（琴平駅利用は上下線とも乗車料金4140円）https://www.jr-shikoku.co.jp/sennenmonogatari/

▲絶景や温かいおもてなし、食事（要事前予約、別料金）など、たくさんの魅力を乗せて走る

あかぼしこーひーてん
アカボシ珈琲店

1段目そばのオシャレカフェで休憩

参道の階段1段目の脇にある、広々としたテラス席が開放的なオープンカフェ。1個320円（小さいサイズは3個）から購入できるカヌレは、大人気なので予約がおすすめ。DATA☎なし 住琴平町820-1 ⏰10～17時LO 休水曜（祝日の場合は翌日）交JR琴平駅から徒歩10分 P10台 MAP折込表B5

ふれっしゅ じゅーす あんど かきごおり たなかや
FRESH JUICE & KAKIGORI たなかや

幸せを呼ぶカラフルなドリンク

香川ならではの、おいりを使ったスイーツが魅力のカフェ。なかでも人気のおいりソフト400円は、生乳を使用しているため濃厚な味わい。カフェスペースもあり、ゆっくりとできるスポット。DATA☎なし 住琴平町720-12 ⏰10～18時 休無休 交JR琴平駅から徒歩7分 Pなし MAP折込表B5

とらまるりょかん
とら丸旅館

創業約100年の老舗旅館

こんぴらさんの表参道石段92段目にある旅館。全10室と小規模ながらのんびりくつろげる大浴場を完備している。DATA☎0877-75-2161 住琴平町1017 ¥1泊2食付8000円～（平日）、1万円～（休日）⏰IN15時／OUT10時 交JR琴平駅から徒歩15分（送迎あり、要予約）P20台 MAP折込表B5

たかとうろう
高灯籠

高さ日本一の木造灯籠

安政6年（1859）に建立された灯籠で、国の重要有形民俗文化財に指定されている。高さが約27.6mもあり、木造の灯籠では日本一を誇る。瀬戸内海を航海する船の指標として建立されたもので、船から「こんぴらさん」を拝む目標灯にもなっていた。DATA☎0877-75-2121（金刀比羅宮社務所）住琴平町361 ¥⏰休見学自由（外観のみ）交JR琴平駅からすぐ Pなし MAP折込表B5

ことひらかいようはくぶつかん（うみのかがくかん）
琴平海洋博物館（海の科学館）

船の舵を操る体験が楽しい

金刀比羅宮の表参道脇にある、海や船について楽しく学べる海洋博物館。船長気分が体験できる操船シミュレーター、ラジコン船操縦、展望ブリッジなど、工夫を凝らした展示が充実。DATA☎0877-73-3748 住琴平町953 ¥入館450円 ⏰9～17時（最終入館16時30分）休無休 交JR琴平駅から徒歩15分 P14台 MAP折込表B5

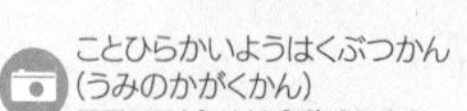

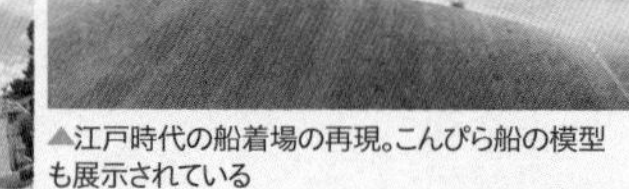

▲江戸時代の船着場の再現。こんぴら船の模型も展示されている

なかのうどんがっこう ことひらこう
中野うどん学校 琴平校

コシのあるさぬきうどん作りを体験!

先生の指導のもと、うどん作りの体験ができる。所要時間は50～60分ほど。完成したらその場でゆでて食べたり、専用の袋に入れて持ち帰りも可能（賞味期限は約2日）。DATA☎0877-75-0001 住琴平町796 ¥1名1760円～ ※2名以上、要予約（空きがあれば当日予約可）⏰8時30分～18時（体験は9～15時）休無休 交ことでん琴電琴平駅から徒歩7分 P30台 MAP折込表B5

国営讃岐まんのう公園へ

＼琴平からひと足延ばして／

▲花竜の道に32品種約4万本の色とりどりのチューリップが咲き、圧巻の美しさ

花と緑が広がる癒やしの公園

日本最大級の農業用ため池・満濃池を望む丘陵地にあり、広大な園内にはチューリップにネモフィラ、ひまわりにコスモスなど、四季折々の花が咲き誇る。冬期には四国最大級のイルミネーションイベントも開催される。園内には大型遊具やオートキャンプ場もあり、子どもから大人まで一年中楽しめる。

☎0877-79-1700 住まんのう町吉野4243-12 ¥入園450円 ⏰9時30分～17時(季節により異なる 休火曜(季節により異なる) 交JR琴平駅から車で15分 P約1200台(1日320円) MAP折込裏C5

▲可憐な花々が織りなす青色のじゅうたんが美しい。ネモフィラは4月中旬が見頃

❶飛んだり跳ねたりできる「ふわふわドーム」は子どもたちに大人気 ❷秋には花巡りの丘で6000本のコキアが紅葉する様子が見られる ❸冬期イルミネーションイベント「ウィンターファンタジー」。起伏のある地形を生かした光のパノラマは圧巻

こちらもおすすめ！

れおまりぞーと

レオマリゾート

中国四国エリア最大級のテーマパーク

全20種類のアトラクションやパレードが楽しめる。春と秋の大バラまつりなど、季節の花々もみどころ。併設の「ホテルレオマの森」のバイキングや温泉は日帰りでも利用できる。

☎0877-86-1071 住丸亀市綾歌町栗熊西40-1 ¥入園券、フリーパス(入園+乗り物)あり ※公式Webサイトを要確認 ⏰10～17時(曜日・季節により変更あり) 休火曜(祝日、繁忙期を除く) 交JR坂出・宇多津・琴平駅、ことでん岡田駅から無料シャトルバスあり P4100台 MAP折込裏C5

▲直径50mの大観覧車。"足ブラ観覧車"も人気(左)。バラの香りに癒やされるローズガーデン(右)

日本夜景遺産に認定されているレオマリゾートのイルミネーション「レオマ光ワールド」。中国四国エリア最大級の約250万球の光が灯ります。

ここだけは外せない 王道のさぬきうどんをいざ、実食!

うどん県・香川に来たら一度は訪れたい、製麺所やセルフスタイルの名店をご紹介。忘れられない、味わい深い一杯に出合えます。

看板MENU

さぬきうどんの魅力その1

コシのある麺とイリコだし
強いコシとのど越しのよさが特徴。瀬戸内産のイリコを使っただしは弾力のある麺と相性◎。

さぬきうどんの魅力その2

コスパが最強!
ワンコインで食べられるお店がほとんどという驚きの安さ。香川県民のファストフードといえばうどんなのだ。

さぬきうどんの魅力その3

豊富なロケーション
山や畑の中にポツンとたたずむ店など、驚く立地にうどん店があることも。ぜひ足を延ばしてみて。

かけうどん(小) 250円
打ちたての麺を、セルフで温めていただく。マイルドなイリコの風味がたまらない

丸亀市
なかむら
なかむら

ファンを魅了する細マッチョ麺

独特のセルフスタイルで有名になり、やわらかいながらもコシがある麺に魅了されるファンが絶えない。かけと、釜玉が人気で、釜玉を少し残し、だしを注いで両方楽しむのがツウの食べ方。

☎0877-98-4818 住丸亀市飯山町西坂元1373-3 ⏰9～14時ごろ(売り切れ次第終了) 休火曜、第2・4水曜 交高松道坂出ICから車で10分 P35台 MAP折込裏C4

◀飲食スペースは屋外と室内があり、全部で約60席を用意

看板MENU

かまたまやま(小) 400円
アツアツの釜揚げ麺に生卵と山芋を絡ませた、アツアツでふわとろな食感とモチモチ麺がベストマッチな名物メニュー

綾川町
やまごえうどん
山越うどん

かまたまを生んだ名店の一杯

かつては卸専門だった創業70年以上の製麺所。かまたまの誕生以来25年以上にわたり行列が絶えず、うどん巡りでは欠かせない定番店として名を馳せている。

☎087-878-0420 住綾川町羽床上602-2 ⏰9時～13時30分 休水・日曜、臨時休業あり 交ことでん綾川駅から車で10分 P150台 MAP折込裏D5

▶中庭にある飲食スペースは開放感バツグン! 春には桜や梅が咲き、お花見しながらうどんを味わえる

営業形態をチェック

製麺所やセルフタイプが香川では主流。とまどいがちなセルフの手順（☞P35）も併せて事前に確認しておこう。

本業は麺の卸しで、敷地の一角でうどんを提供。システムはセルフと同じ

うどんの玉をもらったら、だしやトッピング、配膳などは自分で行う

通常の飲食店と同じで、店員が注文を聞きにきて、配膳もしてくれる

このマークがついている店はみやげ用うどんあり

看板MENU

温かい（小）180円
カツオ&昆布だしが絶品のかけ。人気のあげを加えると甘さがだしに溶け、たまらなくおいしい！あげは+120円

坂出市
がもううどん
がもううどん

毎日でも食べたいやさしい味わい

昭和の製麺所の雰囲気を色濃く残す名店。まろやかで飽きない、ここならではの麺とだしを目当てに、開店直後から行列ができる。店内にも席はあるが、開放的な外の席で味わって。

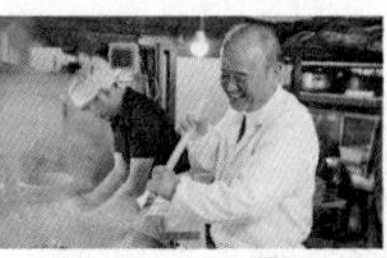
◀毎日食べても飽きないと評判

☎0877-48-0409 住坂出市加茂町420-1 ⏰8時30分～13時30分（土曜、祝日は～13時、売り切れ次第終了）休日・月曜、臨時休業あり 交JR鴨川駅から徒歩15分 P54台 ※カーナビを利用する場合は、駐車場横売店の電話番号「0877-48-2101」がおすすめ MAP折込裏C4

▶麺を受け取ったら、店内のかけだしや薬味で好みの味に

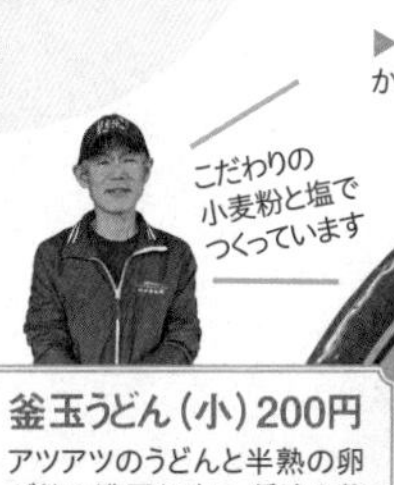
こだわりの小麦粉と塩でつくっています

釜玉うどん（小）200円
アツアツのうどんと半熟の卵が絡み濃厚な味に。醤油や薬味を加えて味わおう

看板MENU

坂出市
ひのでせいめんしょ
日の出製麺所

昼の1時間だけ！超レアうどん

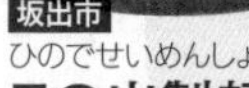

昭和5年（1930）創業の製麺所で、客の強い要望により昼の1時間のみゆでたての麺が食べられるスタイルに。開店から100食は県産小麦「さぬきの夢」で打つ麺を提供するので、早めに並ぼう！

☎0877-46-3882 住坂出市富士見町1-8-5 ⏰11時30分～12時30分（みやげの販売9～16時）休不定休 交JR坂出駅から徒歩8分 P22台 MAP P95

看板MENU

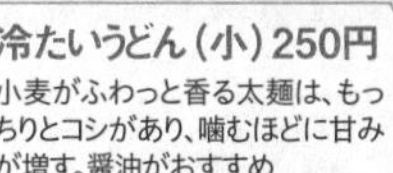

冷たいうどん（小）250円
小麦がふわっと香る太麺は、もっちりとコシがあり、噛むほどに甘みが増す。醤油がおすすめ

初代の味を守っています

綾川町
たむら
田村

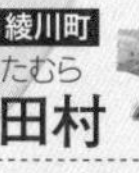

香川県産の小麦を操る達人の麺

神の手とよばれた初代の技を受け継ぎ、香川県産小麦を5割配合した粉で打つ、なめらかでコシのある麺は超絶品。客が厨房の中に入って大将に注文し、麺を受け取るスタイルも県外客には新鮮だ。

☎087-876-0922 住綾川町陶1090-3 ⏰9～13時ごろ（売り切れ次第終了）休日曜、祝日 交高松道高松西ICから車で15分／ETC車なら府中湖スマートICから車で5分 P30台 MAP折込裏D4

～うどん店巡礼の心得～①1人1杯は注文しよう。 ②食べ終わったらさっと席をゆずろう。 ③小銭を事前に用意しよう。

アレンジも楽しい♪ 個性派揃いのうどんをチェック

SNSで話題の華やかなうどんが勢揃い! 色彩豊かなうどんや珍しいモチーフのうどんなど、記念撮影しながら冷めないうちに味わいましょ。

観音寺市 かまきり

カマ喜ri

かけうどん（小）
400円

小麦の香りがふわっと広がる太麺にだしがよく絡む。顔のように仕上げたトッピングがかわいらしい

ネギをのせて写真を撮りましょ!

3日間熟成した麺を、イリコをベースにした4種類のブレンドだしで味わえるかけうどんが人気だ。揚げたての天ぷらとのセットもおすすめ。

☎0875-24-8288 住観音寺市柞田町甲46-3 ⏰11～14時（水曜は～13時、うどんの提供はなし）（売り切れ次第終了）休日曜 交JR観音寺駅から徒歩15分 P20台 MAP折込裏B5

▶電気店だった建物をカフェのようなおしゃれな内装にリノベーション

すだちひやひや（小）
550円

冷たいことでだしのコクとうま味がいっそう際立つ。果汁も入ったさわやかな6～9月限定メニュー

一面のすだちが香る一杯

丸亀市 じゅんてうちうどん よしや

純手打うどん よしや

純手打ちの人気店で、県内外から客が訪れる。昔ながらの正統派さぬきうどんを継承しながら、讃岐もち豚などの地元食材を使ったメニューを提供する。

☎0877-21-7523 住丸亀市飯野町東二343-1 ⏰7～14時（売り切れ次第終了）休火曜 交高松道坂出ICから車で10分 P20台 MAP折込裏C4

▶店からは八の字の形の稜線が美しい讃岐富士を望む

事前に確認！ セルフの手順

1

カウンターに行き、水締め麺か釜揚げ麺を選ぶ

2

熱い麺のかけにする場合は、水締め麺をテボ（ざる）で温める

3

お好みで天ぷらや、ネギなどの薬味をのせる

4

だしや醤油をかける

5
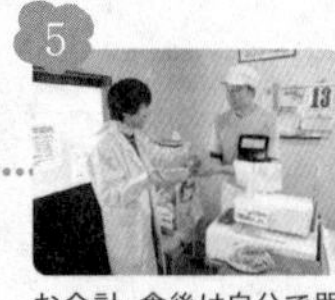
お会計。食後は自分で器を返却しましょう

かねもちうどん 650円

「寛永通宝」の焼印が入ったエビせんべいや、あん餅天が麺の上にのる。唯一無二の見た目や味を楽しんで

元遍路茶屋ならでは地産地消うどん

観音寺市 かなくまもちじゅういちごうせん

かなくま餅 11号線

大正時代に遍路茶屋として創業。地産地消にこだわり、麺には県産小麦「さぬきの夢」を100%使用。なめらかなのど越しが楽しめる。

☎0875-25-3044 住観音寺市植田町35-2 ⏰8〜15時（土曜のみ食堂は9時〜）休日曜、第1・3木曜 交高松道さぬき豊中ICから車で10分 P27台 MAP P101

◀うどんのだしで作った惣菜や定食などがあり、食堂としても人気

◀高瀬茶を練り込んだ大福160円は、クリームとこし餡が相性抜群！

麺が隠れるほどの大きなえび天！

丸亀市 てうちうどん まるがめわたなべ

手打うどん 丸亀渡辺

店主の祖父の代から続く人気店。小麦の風味がしっかりと感じられるつやつや麺、カツオをメインに数種の魚介をバランスよく配合した上品なだしの組み合わせにファンが多い。

☎0877-24-3532 住丸亀市土器町東1-97 ⏰11〜17時 休木曜 交坂出北瀬戸中央道ICから車で10分 P20台 MAP P95

えび天うどん 620円

渡辺の名物、木の葉型の天ぷら。だしを吸った衣とうどん、わかめの組み合わせが絶品

▲玉切れがなければ17時まで営業しているので、立ち寄りやすい

わかめや野菜を麺に!? 練り込み麺の元祖

高松市郊外 がんそわかめうどん おおしまや

元祖わかめうどん 大島家

約30年前にわかめを混ぜた麺を作り、"練り込み麺"を世に広めた店。県産小麦「さぬきの夢」を無塩で打つという技アリのうどんは、ヘルシーフードとしても人気がある。

☎087-865-2524 住高松市松縄町1013-26 ⏰11時〜14時30分 休木曜 交ことでん三条駅から徒歩13分 P5台 MAP 折込裏D4

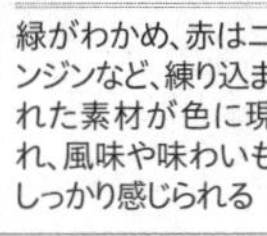

ざる 550円

緑がわかめ、赤はニンジンなど、練り込まれた素材が色に現れ、風味や味わいもしっかり感じられる

▶テーブル席と小上がりの座敷がありゆったり

さぬきうどんの定番メニューは「かけ」「ぶっかけ」「醤油」「釜玉」「釜揚げ」の5種類。メニュー選びに迷ったらこのなかから選んでみましょう。

スペシャルな空間が素敵 ゆっくり味わう贅沢うどん

風情ある上質な空間でいただくうどんも格別。美しい庭園や広いお座敷、歴史ある古民家で、くつろぎながら味わう特別な時間を過ごしませんか。

高松市郊外

ごうやしき

郷屋敷

一般店　おみやげ

200年の伝統が息づく空間で 四季折々の料理を

国の登録有形文化財に登録された建物を活用した店。うどん単品のほか、本格的な会席料理も提供している。どこの席からでも、美しい庭園を眺めながら料理を味わえる。

☎087-845-9211 住高松市牟礼町大町1987 ⏰11～15時、17時30分～21時(LOは各30分前) 休無休 交ことでん大町駅から徒歩20分 P60台 MAP折込裏E4

和里子 1760円
うどんや寿司、お造り、揚げ物などがセット。うどんは釜揚げかざるのどちらかをセレクト

◀広々とした落ち着いた店内

▲入口の先には、美しい庭園がある

高松市郊外

うどんほんじん　やまだや　さぬきほんてん

うどん本陣 山田家 讃岐本店

一般店　おみやげ

有形文化財に登録された 屋敷は風情たっぷり

第85番札所・八栗寺の参道沿いに立つ、武家屋敷だった建物を改装したうどん店。オリジナルブレンドの小麦粉を使って打ったこだわりのうどんが楽しめる。

☎087-845-6522 住高松市牟礼町牟礼3186 ⏰10～20時(12月31日は～15時) 休無休 交ことでん八栗駅から徒歩25分 P160台 MAP折込裏E4

▲ゆったりと席が配置されているため、落ち着いて食事することができる

▶天気がよい日は、座敷席で緑豊かな庭を眺めながらうどんを堪能したい

上定食 1550円
モッチリとしたのど越しの釜揚げうどんと、サクサクの天ぷらの相性が◎

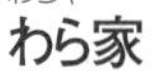

高松市郊外

わらや

わら家

一般店　おみやげ

江戸時代の古民家で たらいうどんをシェア♪

江戸時代末期の古民家を利用した、県内有数の釜揚げうどんの名店。1人前540円、2人前以上なら大きな木桶で提供。北海道産の昆布など素材にこだわった本格つけだしでいただく。

家族うどん(8玉) 2800円
ゆでたての釜揚げ麺はやわらかくもコシがあり小麦の風味豊か。イリコが香るつけだしが食欲をそそる

▲▶屋島の麓にある四国村に隣接する

☎087-843-3115 住高松市屋島中町91 ⏰9時30分～17時30分LO 休無休 交ことでん琴電屋島駅から徒歩5分 P150台 MAPP91

瀬戸内海国立公園の中心・小豆島で海山に癒やされるリトリート時間を

穏やかな海と青空に囲まれた小豆島は、美しい自然の宝庫。名作映画の舞台としても有名です。温暖な気候に育まれたオリーブをはじめ、島ならではの風土が生んだ特産品も豊富。小豆島ならではの自然の恵みを堪能しにでかけましょう。

『オリーブのリーゼント』
清水久和(☞P45)

これしよう!

点在するアート作品を鑑賞

瀬戸内国際芸術祭の会場でもある小豆島には、アート作品が点在しています。

これしよう!

歴史と伝統ある島の食文化を学ぶ

小豆島の醤油造りや、ツルッとしたのど越しが特徴の小豆島そうめんを堪能。

寒霞渓展望台(☞P41)からは四季折々の渓谷の眺望が楽しめる

これしよう!

フォトジェニックな絶景スポットを巡る

自然豊かな島内には息をのむほど美しい絶景スポットがいっぱい!(☞P40・44)

島の特産品であるオリーブを使用した加工品をおみやげに(☞P48)

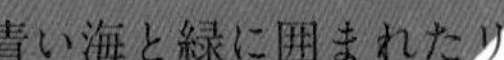

青い海と緑に囲まれたリゾートアイランド

小豆島

しょうどしま

オリーブ色のポストを発見!(☞P43)

こんなところ

瀬戸内海国立公園の中心である島には、恋人たちに人気のエンジェルロードや日本屈指の景勝地・寒霞渓(かんかけい)など、心洗われる大自然がいっぱい。また二十四の瞳映画村では、昭和レトロな気分にも浸れる。オリーブや醤油、そうめんなど、島が誇る特産品も満喫し、おみやげに買って帰ろう。

access

●高松港から土庄港へ
小豆島フェリーのフェリーで約1時間(700円/1日15便)、高速艇で約35分(1190円※夜間便は1580円/1日16便)、車両3630円〜(高速艇は不可)
●新岡山港(岡山)から土庄港へ
国際両備フェリーで約1時間10分(1200円/1日8便、車両6490円〜)
●宇野港(岡山)から土庄港へ
小豆島豊島フェリーで約1時間30分(1260円/1日3便)、旅客船で約1時間(1260円/1日3便)※豊島・家浦港、豊島・唐櫃港経由、車両5250円〜

●高松港から池田港へ
国際両備フェリーで約1時間(700円/1日10〜11便)、車両5030円〜

●高松東港から坂手港へ
ジャンボフェリーで約1時間15分(700円/1日2〜3便)、車両5030円〜
●神戸三宮フェリーターミナル(兵庫)から坂手港へ
ジャンボフェリーで約3時間20分※夜行便は6時間15分(1990円〜/1日3〜4便)、車両6640円〜

問合せ☎0879-82-1775
小豆島観光協会
広域MAP折込表

※料金は大人片道の乗船料金です

～小豆島　はやわかりMAP～

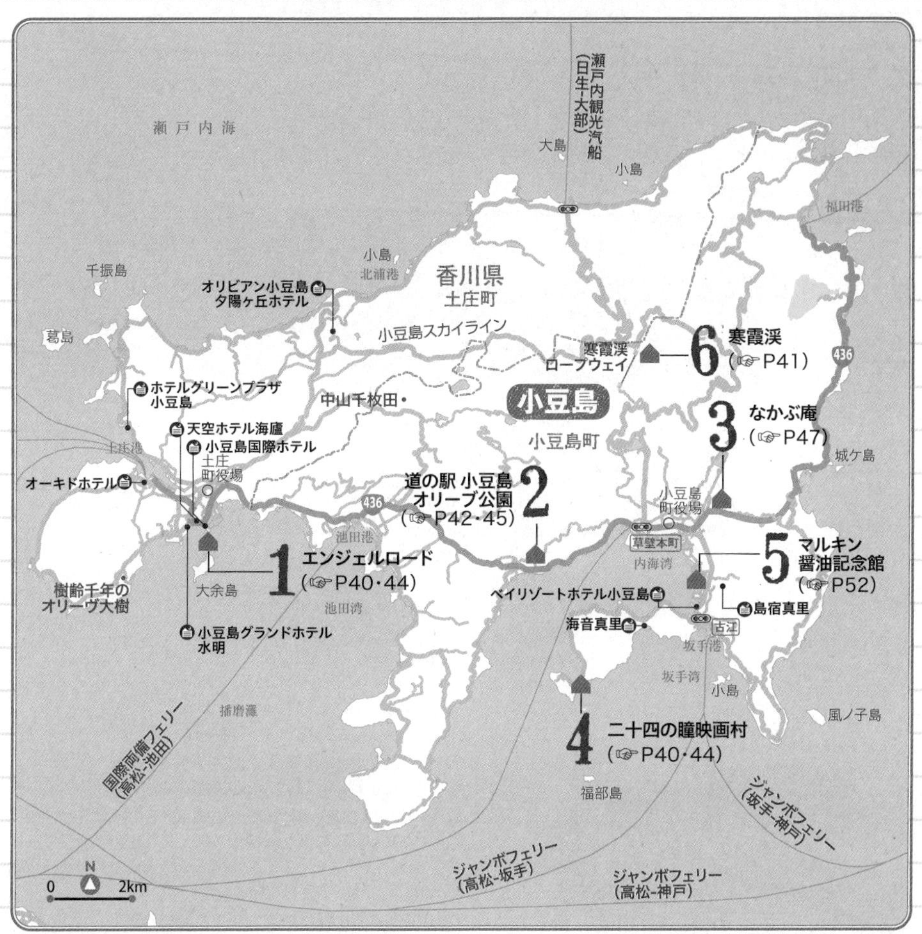

ぐるっとまわって
7時間30分

まずは小豆島を代表する絶景スポット・エンジェルロードへ。それから島内を反時計回りにぐるり。フォトジェニックなスポットに、名産のオリーブ、そうめん、醤油まで、小豆島の魅力を余すことなく堪能したい。

スタート 土庄港
▶ 車で10分
1 見学 エンジェルロード
▶ 車で15分
2 買う 道の駅 小豆島オリーブ公園
▶ 車で12分
3 食べる なかぶ庵
▶ 車で16分
4 見学 二十四の瞳映画村
▶ 車で12分
5 見学 マルキン醤油記念館
▶ 車で30分
6 見学 寒霞渓
▶ 車で30分
ゴール 土庄港

島内の魅力あふれるスポットへ 小豆島 絶景ドライブ

海と山に囲まれた自然豊かな小豆島は、思わず写真に撮りたくなる景色の宝庫。カメラ片手にフォトジェニックドライブを楽しみましょ。

モデルコース

所要時間 約8時間

土庄港から車で10分

1 エンジェルロード

車で17分

2 創作料理 野の花

車で25分

3 二十四の瞳映画村

車で5分

4 醤の郷

車で30分

5 寒霞渓

車で30分

6 アートノショーターミナル（土庄港）

全景を眺めるならすぐそばの「約束の丘展望台」へ

1 エンジェルロード（えんじぇるろーど）

大切な人と渡りたいロマンチックロード

1日1～2度の干潮時に、小豆島と中余島を結ぶ砂州の道が現れる。大切な人と手をつないで渡ると願いが叶うという言い伝えがあり、恋人の聖地として知られる。潮の満ち引きをのんびり眺めて自然の営みを感じてみるのもおすすめ。

☎0879-62-2801（エンジェルロード売店）住土庄町甲24-92 ¥◷休散策自由 交土庄港から車で10分 P87台 MAP折込表B2

Check! エンジェルロードを歩いて渡れるのは、干潮時刻の前後2～3時間ずつ。時刻は日によって異なるので、土庄町商工観光課の公式Webサイトで潮見表をチェックして。
https://www.town.tonosho.kagawa.jp/kanko/

小豆島のご当地グルメ、ひしお膳 季節の魚編1400円

2 創作料理 野の花（そうさくりょうり ののはな）

島の味覚をワンプレートで堪能

ランチには瀬戸内の幸や自家栽培のオリーブなど、島の食材を使った創作料理が人気。

☎0879-75-2424 住小豆島町室生892-1 ◷11時30分～14時30分、18時30分～21時30分 休火～木曜、ほか不定休 交池田港から小豆島オリーブバス坂手港行きまたは福田港行きで9分、赤坂下車、徒歩5分 P15台 MAP折込表C2

3 二十四の瞳映画村（にじゅうしのひとみえいがむら）

名作映画の世界へタイムトリップ！

映画『二十四の瞳』のロケセットを改装。島の風景になじむ木造校舎や映画館、懐かしの給食が味わえる空間に思わずほっこり。特に木造校舎はそろばんなど小道具まで用意され、登場人物になりきって写真を撮るのが楽しい。

☎0879-82-2455 住小豆島町田浦甲931 ¥入村850～1000円（季節により変動あり）◷9～17時 休無休 交坂手港から車で12分 P150台 MAP折込表C3

教室にはロケ当時のセットが残されていて、映画の世界観に浸れる

Check! 施設内にある食事処「Caféシネマ倶楽部」では、昔懐かしい給食セットや定食などが楽しめる。写真はアルマイト食器で提供されるレトロな給食セット1050円。

11月上旬～下旬は紅葉が見頃に。登山道を歩いて眺めるのもよい

④ 醤の郷（ひしおのさと）

醤油蔵が並ぶ街並みをおさんぽ

明治から続く醤油醸造の中心地。特に昔ながらの景観が色濃く残るのが馬木散策路と苗羽・醤油蔵通り散策路で、登録有形文化財建造物に登録されている建物も多数ある。

☎0879-82-1011（小豆島町商工会）住小豆島町苗羽～馬木周辺 ¥営休散策自由 交坂手港から車で5分 Pなし MAP折込表D2

マルキン醤油記念館（☞P52）の敷地内にある樽の中に入っているような写真をパシャリ

⑤ 寒霞渓（かんかけい）

瀬戸内海を一望できる島屈指の絶景スポット

日本三大渓谷美の一つに数えられる寒霞渓。夏の新緑や秋の紅葉など、四季折々に変化する景色は心を打つ美しさだ。崖の先に設置された的を狙うかわらけ投げも楽しい。山頂へは車やロープウェイでもアクセスできる。

☎0879-82-2171（寒霞渓ロープウェイ）住小豆島町神懸通乙327-1 ¥ロープウェイ往復2160～2700円（季節により変動あり）営ロープウェイ8時36分～17時（季節により変動あり）休無休 交坂手港から山麓こううん駅まで車で25分、ロープウェイに乗り換え山頂駅まで5分 Pこううん駅40台、山頂駅200台 MAP折込表C･D2

オリーブ美肌水150mℓ1200円（左）とオリーブナッツチョコレート1140円（下）

山頂駅に隣接してレストランやショップも。オリーブ牛コロッケバーガーセット1200円をテイクアウトして絶景とともに楽しもう

⑥ アートノショーターミナル（あーとのしょーたーみなる）

小豆島の玄関口・土庄港が瀬戸内国際芸術祭作品に！

土庄港フェリーターミナルが作品展示やイベントの開催を通じた交流の場に。 デザイナー・コシノジュンコ氏の作品を展開している。

☎0879-62-7006（土庄町役場建設課）住土庄町土庄港ターミナル2階 ¥無料 営8時30分～18時（2階は～17時）休無休 交土庄港からすぐ Pあり（有料）MAP折込表B2

フェリーの待ち時間などを利用してアート作品に触れよう

コシノジュンコ「アートノショーターミナル」
写真：Yasushi Ichikawa

小豆島の港は坂手港や池田港、土庄港など5カ所あり、それぞれ四国や本州からの玄関口になっている。フェリーの本数が多いのは土庄港。

海山に囲まれたオリーブの楽園
道の駅 小豆島オリーブ公園へ

内海湾を見下ろす丘の上に、オリーブ畑やハーブガーデン、ギリシャ風車など地中海沿岸のような風景が広がります。

みちのえき しょうどしまおりーぶこうえん

道の駅
小豆島オリーブ公園

丘の上に立つオリーブの楽園

瀬戸内海を望む小高い丘に整備された公園。約2000本のオリーブ畑や、オリーブの歴史などを紹介したオリーブ記念館、庭園、レストラン、温泉などを併設する。

☎0879-82-2200 住小豆島町西村甲1941-1 ¥入園無料 ◷園内自由（オリーブ記念館8時30分～17時、雑貨コリコ9～17時） 休無休 交坂手港から車で16分 P200台 MAP折込表C2

check!

オリーブみやげハント

オリーブ記念館売店では、小豆島産オリーブオイルを中心に、化粧品、工芸品、お菓子など種類豊富に取り揃える。

小豆島産のオリーブの葉を練り込んだチョコレートをサクサクのクランチにしたハートオリーブチョコクランチ（15個入り）580円

島産のオリーブオイルとアーモンドをペーストにしたオリーブアーモンドペースト（90g）920円。パンにぬったり、野菜と和えたりといろいろ使える

エキストラバージンオイルと小豆島産のオリーブ茶エキスを配合した無添加のオリーブ茶石鹸（120g）1650円

ぎりしゃふうしゃ
ギリシャ風車

瀬戸内海の青とのコントラストがひときわ美しい

オリーブ畑のシンボル

小豆島と姉妹島提携を結ぶギリシャ・ミロス島との友好の証しとして造られた白い風車は絶好の撮影スポット。

お気に入りのハーブがあれば購入することも可能

はなとかおりのがーでん
花と香りのガーデン

見て触れて、五感でハーブを満喫

約120種類のハーブが栽培されているハーブガーデン。好みの香りに出合えるかも。

おりーぶのみち
オリーブの路

情緒あふれる石畳の路

オリーブのアーチに囲まれた小道を歩くと、樹々の間からは美しい瀬戸内の海と青空が広がる。

オリーブの丘散策コース中でも自然が満喫できるスポット

オリーブ色のポストにオリジナルはがきを投函！

オリーブ記念館でポストカードを購入し、メッセージを記入したら「幸せのオリーブ色のポスト」に投函。大切な人に想いを届けましょう。

ざっかこりこ
雑貨コリコ

実写映画『魔女の宅急便』のロケセットを利用した店

赤と緑の映画の世界へ

ハーブ雑貨やハンドメイドアクセサリーなどを映画の世界観の中で楽しむショップ。

グルメもCHECK!

かふぇ おりうぁす
カフェ OLIVAZ

小豆島産オリーブオイルを楽しむカフェ

下ごしらえから仕上げまで、使用するのは小豆島産オリーブオイルのみ。ランチのほか、動物の形がかわいい氷が浮かんだドリンクも販売している。
🕘11～15時(14時LO)

OLIVASチリンドロンライス1480円。チリンドロンはスペインの郷土料理

オリーブ記念館で無料貸出中の魔法のほうき。園内持ち出しOKなのでお気に入りの風景をバックに空飛ぶ写真の撮影にチャレンジしてみては？

絵になる風景に心ときめく 島のフォトジェニックスポット

自然が生み出した美しい景色にアート作品の数々。
小豆島はカメラに収めて持ち帰りたくなるスポットの宝庫です。

えんじぇるろーど
エンジェルロード ①

潮の満ち引きで現れる美しい砂州。日に1～2回、干潮時の前後3時間ほどの間だけ、大小4つの島が約500mの砂の道でつながる(☞P40)。

にじゅうしのひとみえいがむら
二十四の瞳映画村 ②

ダンスパーティを模写した壁画の前で映画のワンシーンのような一枚を撮ってみて(☞P40)。

ロケセットで映画の世界観に浸る

椅子やテーブルのあるウッドデッキでゆっくり夕陽を眺めよう

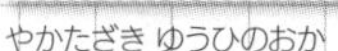

やかたざき ゆうひのおか
屋形崎 夕陽の丘 ③

瀬戸内ならではの海と島々の間を遊ぶ美しい夕陽を観賞。ウッドデッキなどくつろぎのスペースもあってのんびり。特に春から秋にかけての景色が魅力。

☎0879-82-1775(小豆島観光協会) 住土庄町屋形崎 ¥営休散策自由 交土庄港から車で20分 P10台 MAP折込表B1

おりーぶのりーぜんと
オリーブのリーゼント ❹

オリーブ畑に設置されたリーゼントヘアのオブジェ。撮影グッズとして置かれているウィッグをかぶって、アート作品の一部になった気分で撮影を。

☎087-813-0853（瀬戸内国際芸術祭実行委員会事務局）／0879-82-7000（小豆島町企画財政課）住小豆島町馬木甲255 ¥⏰休散策自由 交坂手港から小豆島オリーブバス土庄港行きで5分、馬木下車、徒歩10分 P18台 MAP折込表D2

オリーブ畑に現れるリーゼントの立体作品「オリーブのリーゼント」清水久和

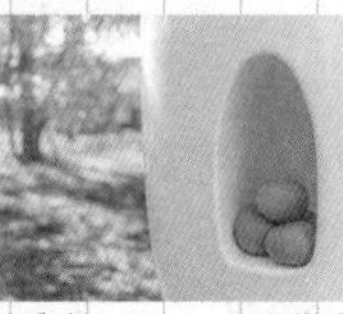

オブジェにはミカンや野菜が置いてあることも

なかやませんまいだ
中山千枚田 ❺

大小800枚もの棚田が広がる「日本の棚田百選」の一つ。四季折々の表情をみせる姿は日本の原風景と称され、映画のロケが行われたこともある。

☎0879-82-7021（小豆島町商工観光課）住小豆島町中山 ¥⏰休散策自由 交池田港から車で15分 P30台 MAP折込表C2

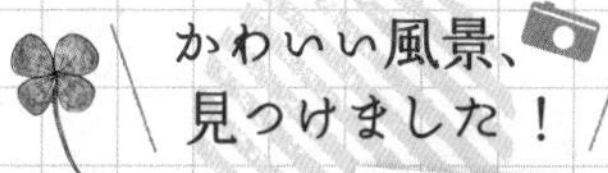

道の駅 小豆島オリーブ公園（☞P42）の巨大な絵本のオブジェ「始まりの本」A

瀬戸内海を見守るかのようにたたずむ樹齢千年のオリーヴ大樹（MAP折込表B2）B

鉄の球体の中に入って雄大な自然を味わう「空の玉／寒霞渓」青木野枝（MAP折込表C・D2）C

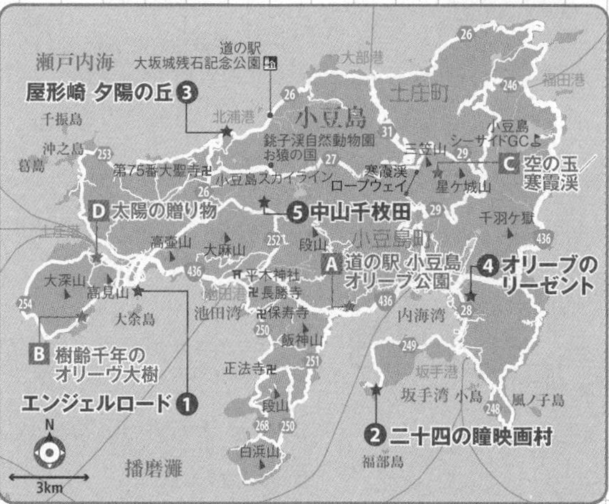

金色に光り輝くオリーブの王冠「太陽の贈り物」崔正化（MAP折込表B2）D

美しい自然風景やノスタルジックな街並みが広がる小豆島。映画やドラマなどのロケ地として使われることも数多くあります。

自然の恵みがいっぱい 滋味あふれる島ごはん&カフェ

海と山に囲まれ、温暖な気候に恵まれた小豆島は食材の宝庫。素材のおいしさを生かした、島のごちそうを召し上がれ！

こまめしょくどう

こまめ食堂

うま味が詰まった棚田米おにぎり

店の周辺の棚田でとれた米や、地元の食材を使った料理がほっとするおいしさ。おすすめはシンプルな塩むすびで米の甘みを引き立たせた、棚田米おにぎりを味わえる定食。

☎080-2984-9391 住小豆島町中山1512-2 ⏰11～15時（14時LO）休火・木曜 交池田港から小豆島オリーブバス土庄港行きで10分、春日神社下車すぐ P近隣の無料駐車場利用 MAP折込表C2

▶元精米所を改装した建物は、昔の面影が今も残っている

日替わり棚田のおにぎり定食1800円はすべて手作りの素朴な味わい

▶季節によって内容が変わる手作りマフィン各260円

▼昭和レトロな豆電球が店内を照らし、温かな雰囲気が漂う

ふぉれすとさけぐらもりくにぎゃらりー

フォレスト酒蔵 MORIKUNIギャラリー

小豆島で唯一の酒蔵が作る絶品粕汁

造り酒屋の小豆島酒造が営むカフェ兼ショップ。日本酒や酒粕を使った料理やスイーツが味わえる。酒粕石鹸やオリジナルの手ぬぐいなどグッズも販売。

☎0879-61-2077 住小豆島町馬木甲1010-1 ⏰11～17時 休木曜 交坂手港から車で6分 P20台 MAP折込表D2

▲築70年の佃煮工場を改装した雰囲気たっぷりの店内 ◀杜氏のまかない飯1500円。小豆島酒造の酒粕を使った粕汁がおいしい

食後のデザートにぴったり！

老舗醤油店・ヤマロク醤油に併設されたオープンカフェ「やまろく茶屋」。オリジナルの醤油スイーツのほか、七輪で焼く焼き餅440円（冬期限定）を楽しめる。写真は5代目セレクトのアイスに「丹波黒豆鶴煮」をトッピング。鶴醤をかけるとさらにおいしくなる「アイスクリーム鶴醤かけかけ」440円。☎0879-82-0666（ヤマロク醤油）🕒9～17時 休無休 MAP折込表D2

▲できたての生そうめん700円～はのど越しバツグン

▲生そうめんや天日干しそうめんも販売している ▼くっついた麺をはがす箸分け体験1200円（所要45分）

なかぶあん

なかぶ庵

工場直営ならではのモチモチ生そうめんに舌鼓

生そうめんを提供する製麺工場直営店。乾燥させる前の生麺は、もっちりした食感がたまらない。箸分け体験や工場見学の体験コースも人気。

☎0879-82-3669 住小豆島町安田甲1385 🕒10～14時（13時30分LO）休水・木曜（祝日の場合は営業）交坂手港から車で9分 P12台 MAP折込表D2

かふぇれすとらん ちゅうざえもん

カフェレストラン 忠左衛門

オリーブと柑橘の農家直営店

オリーブ畑や瀬戸内海の景色を眺めながら、自社のオリーブオイルを生かしたメニューが楽しめる。四季折々の島の野菜や魚介を使った季節のパスタやアヒージョも評判。

☎0879-75-1188 住小豆島町蒲生甲61-4 井上誠耕園らしく園内 🕒10時30分～14時30分LO 休不定休 交池田港から徒歩10分 P60台 MAP折込表B2

▶卓上のオリーブオイルをかけていただくトマトミートソースパスタ

▲オリーブオイルと小豆島醤油を使ったアヒージョ
◀明るく開放感のある店内

▲ジェラート2種600円、3種700円。果物のほか、醤油や酒粕などのフレーバーも

▲ドリンクもあるので店内でひと休みしよう

みのり じぇらーと

MINORI GELATO

地元の食材を生かした島のスイーツ

小豆島の季節の新鮮な野菜や果物を使用したジェラートショップ。素材の味が楽しめるようシンプルな製法にこだわり、季節のフレーバーを常時10～15種類提供。イートインも可能。

☎0879-62-8181 住小豆島町草壁本町1055-2 🕒12～18時（17時45分LO）休水・木曜、ほか不定休 交坂手港から車で12分 P9台 MAP折込表C2

フォレスト酒蔵MORIKUNIギャラリーにはベーカリーも併設（休火～木曜）。酒米の米粉で作ったモチモチのコッペパンが看板商品です。

島の特産品を使った 個性豊かなおみやげをセレクト

オリーブオイルやそうめん、醤油など、小豆島の特産品の数々。
そんな島の魅力が詰まった、多彩なおみやげを集めました。

島のパスタソース 3種セット 2430円
オリーブオイルと果肉で作ったパスタソース。トマトなど3種類の味がセットに A

骨付鳥びん詰めしちゃいました
160g 1080円
特製ダレに漬け込んだ国産親鶏をこんにゃくと合わせてオリーブオイルに漬け込んだもの A

食べるオリーブオイル
145g 1080円
瀬戸内海産のちりめんじゃこを12種の素材を使って、オリーブオイルに漬け込んだ商品 A

オリーブオイルコンフィ 木の実とドライ果実 100g 950円
トーストやクラッカー、ヨーグルトにのせるだけで、ちょっぴり贅沢な食卓に! B

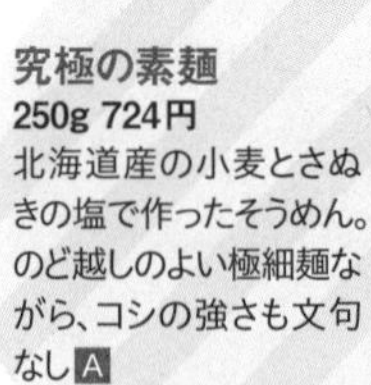
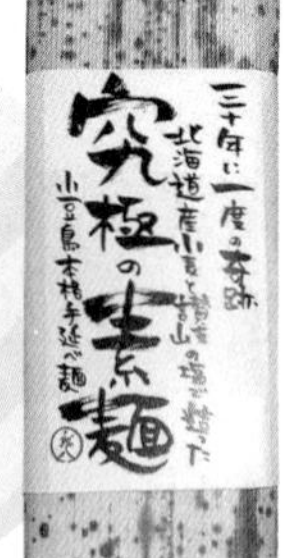

究極の素麺
250g 724円
北海道産の小麦とさぬきの塩で作ったそうめん。のど越しのよい極細麺ながら、コシの強さも文句なし A

オリーブパスタ
180g 530円
オリーブオイル入りの麺は表面に凹凸をつけ、ソースがよく絡むように工夫されている A

オリーブ素麺
5束 430円
オリーブの実をペースト状にしてそうめんに練り込み、表面をオリーブオイルで仕上げた C

約400年の歴史を誇る手延べ製法

A うまいもん屋庄八
うまいもんやしょうはち

約400年の歴史を誇る、手延べ製法を今に伝える製麺処。麺製品のほか、小豆島ならではの商品も数多く販売している。

☎0879-62-5826 住土庄町甲5570-2 ⏰9時～17時30分 交土庄港から徒歩10分 P10台 MAP折込表B2

オリーブの魅力を再発見!

B 井上誠耕園 らしく園
いのうえせいこうえん らしくえん

オリーブ農園の井上誠耕園が運営する複合施設。食品、化粧品や雑貨まで、オリーブを使った商品が勢揃い!

☎0879-75-1133 住小豆島町蒲生甲61-4 ¥入園無料 ⏰9～17時 休無休(臨時休業あり) 交池田港から徒歩10分 P60台 MAP折込表B2

小豆島産緑果搾り
90g 3265円
丁寧に手摘みした緑色のオリーブ果実から搾った、オイルとは思えないさわやかな味わい B

MOTHER'S OLIVE OIL
30mℓ 1650円
精製することで肌へのやさしさを追求した肌なじみのよい美容オリーブオイル B

卵かけごはん専用 コロぴよ だし醤油
30mℓ×3本 1404円
卵かけごはん用に造られた香りのよいだし醤油。小分けされているので鮮度が落ちにくい D

オリーブラーメン 塩スープ
2人前 750円
野菜のうま味が利いた、さっぱりとした塩ラーメン。チャーシュー、メンマ、もやしなどのオーソドックスなトッピングがよく合う C

ひしおしぇいく
400円
京宝亭オリジナルのシェイク。小豆島産醤油ジュレ入りで、きざみ塩昆布をトッピング E

半生こびきばち そうめん 180g 430円
半生のコシの強さとツルツルっとした食感が楽しめる。夏は冷やしそうめんで、冬は温かいにゅうめんなどで C

しょうゆせんべい
110g 230円
マルキン醤油を使用した揚げせんべい。昔ながらの味でサクッとした食感が特徴 E

オリーブグッズをゲットしよう

C 道の駅 小豆島ふるさと村（みちのえき しょうどしまふるさとむら）

販売所やカフェ、体験施設などがある道の駅。島の名産品のなかでも特におすすめの商品を厳選して販売。
☎0879-75-2266 住小豆島町室生2084-1 ⏲8時30分～17時 休12～2月は休業日あり P45台 MAP折込表C2

楽しいおみやげがたくさん

D 金両醤油（きんりょうしょうゆ）

明治13年（1880）創業の老舗醤油蔵。直売所には小豆島ドレッシングやガーリックオイルなどが充実している。
☎0879-82-3333 住小豆島町馬木甲842-1 ⏲9～17時（日曜10時～）休不定休 交坂手港から車で8分 P10台 MAP折込表D2

小豆島醤油で作る佃煮

E 京宝亭（きょうほうてい）

小豆島醤油で作る佃煮を販売する専門店。オリジナルシェイクなどを販売するカフェスペースも併設されている。
☎0879-82-1441 住小豆島町苗羽甲2211-28 ⏲9～17時 休不定休 交土庄・池田各港から小豆島オリーブバス坂手港・映画村行きで芦ノ浦下車すぐ P16台 MAP折込表D2

井上誠耕園 らしく園はレストランにベーカリー、ワークショップ、農園の散策など多彩なアプローチでオリーブの楽しみ方を提案してくれます。

瀬戸内の美しい風景に抱かれた島宿で過ごす休日

絶景のリゾートホテルから、隠れ家を思わせる小さな湯宿まで充実。自分好みの宿を見つけて、ゆったりとした島の時間を楽しんで。

しょうどしまこくさいほてる

小豆島国際ホテル

瀬戸内の海と空を全身で感じられるリゾートホテル。全客室が瀬戸内海に面し、波打ち際の露天風呂からもオーシャンビューが楽しめる。エンジェルロードへもすぐ。

☎0879-62-2111 住土庄町甲24-67 交土庄港から車で7分（土庄港から送迎あり、要予約）P70台 MAP折込表B2

くつろぎポイント

窓から見える景色が格別！
エンジェルロードに最も近いホテル。

CHECK
1泊2食付料金
平日2万1050円～
休前日2万5450円～
時間
IN15時、OUT10時

1窓からエンジェルロードの絶景が楽しめる 2夕食は瀬戸内の旬魚、素麺などを使った会席（写真の料理は一例）3波打ち際の露天風呂は美肌効果も抜群

てんくうほてる かいろ

天空ホテル 海廬

館内のいたるところからエンジェルロードや屋島、瀬戸内海を一望。充実のウェルカムドリンクと、改装されたロビーでのんびりとした島時間を満喫。

☎0879-62-1430 住土庄町甲1135 交土庄港から小豆島オリーブバス西浦線東廻りで13分、銀波浦下車、徒歩5分（土庄港から18時まで送迎あり、要予約）P50台 MAP折込表B2

くつろぎポイント

広々とした部屋
落ち着いた和室からの眺望も抜群。老舗ホテルのおもてなしに癒やされる！

CHECK
1泊2食付料金
平日1万1000円～
休前日1万4000円～
時間
IN15時、OUT10時

1露天風呂からはエンジェルロードも見られる
2人気の絶景ガーデン
3 2023年改装のロビーにはウェルカムドリンクも

 源泉かけ流し 部屋食 エステあり 禁煙ルームあり 大浴場あり ひとり宿泊OK インターネット可

豪華フェリーで楽しむ船旅

小豆島土庄港～新岡山港間を1日4往復運航しているクルーズフェリー「おりんぴあどりーむ せと」。3階はブランコやすべり台、4階展望デッキにはミニトレインも走り「海を走る遊園地」として大人から子どもまで楽しめる。☎050-3615-6352 住土庄町甲5165-20（小豆島土庄港）¥片道1200円 ⏰土庄港発：7時～、10時10分～、14時～、17時～。新岡山港発：8時40分～、11時40分、15時40分、18時30分～ 休無休 ※運航情報は公式Webサイトを要確認 MAP 折込表B2

べいりぞーとほてるしょうどしま

ベイリゾートホテル小豆島

ホテル最上階の全面ガラス張り展望大浴場や、4つの貸切温泉（45分3000円）が自慢。日中は海を、夜には満天の星をゆっくりと眺めよう。

☎0879-82-5000 住小豆島町古江乙16-3 交坂手港から車で3分（大部港を除く各港から送迎あり、要予約）P60台 MAP 折込表D2

くつろぎポイント

貸切露天風呂
海を望む自分だけの露天風呂で瀬戸内海の風を独り占め!

瀬戸内海と寒霞渓を一望する贅沢ビュー

CHECK
1泊2食付料金
平日1万5400円～
休前日1万9800円～
時間
⏰IN15時、OUT10時

1 眼前には瀬戸内の美しい海と寒霞渓が広がる 2 窓越しの寒霞渓は季節ごとに変化。新緑や紅葉が美しい 3 旬の魚介と野菜をふんだんに使用した和洋バイキング

しまやどまり

島宿真里

登録有形文化財の古民家を利用した食事処、蔵を改装した客室など、レトロモダンな雰囲気が魅力。調味料まで手作りの食事を目当てに訪れる客も多い。

☎0879-82-0086 住小豆島町苗羽甲2011 休不定休 交坂手港から車で6分（池田港から送迎あり、要予約）P10台 MAP 折込表D2

くつろぎポイント

囲炉裏
湯上がりにくつろげる囲炉裏では、自家製の果実酒が振る舞われる。

1日8組限定、心のこもったもてなしに癒やされて

CHECK
1泊2食付料金
平日3万5350円～
休前日3万8650円～
時間
⏰IN14時、OUT10時

1 夕食は季節の醤油会席 2 おしゃれなインテリアが揃う、離れの2階建ての特別室 3 大浴場の温泉でリラックス

長く受け継がれる島の食文化を体験する

小豆島の代表的な特産品といえば醤油とそうめん、オリーブ製品。自慢の産品が生まれた歴史や伝統の技を知れば、小豆島へのおでかけがもっと楽しくなります。

本州と四国、九州を結ぶ海上交通の要衝

古くから瀬戸内海の舟運の要衝だった小豆島にはさまざまなモノや人、技術が流入し、島独自の食文化を発展させた。島の温暖少雨な気候から生まれた産業が、醤油醸造とそうめん作り、オリーブ栽培。醤油とそうめん作りは江戸時代、オリーブ栽培は明治時代に始まり、今も島の主要産業として島民の暮らしを支えている。

今も20軒以上の醤油蔵や佃煮工場が軒を連ねる「醤の郷」

伝統と風土が育む醤油造り

小豆島は中世以前から製塩業が盛んな島だった。江戸時代後期、塩が生産過剰となったことから、島では製塩から醤油製造へと産業をシフトする。塩は醤油の主原料となり、ほかの原料の大豆や小麦は海運で容易に手に入る。温暖な島の気候も醤油醸造に適していた。今も往時の伝統製法を生かして、木桶仕込みの天然醸造醤油が造られている。土地の気候風土や島民の暮らしに根づいて脈々と受け継がれる島の醤油造りの歴史や文化にふれられるスポットとして、懐かしい醤油蔵や佃煮屋が軒を連ねる醤の郷に、**マルキン醤油記念館**がある。醤油の歴史や製造工程が紹介され、隣の天然醸造蔵で醤油製造の様子を見学できる。

マルキン醤油記念館
住小豆島町苗羽甲1850 ¥入館500円 ⏲9～16時(7月20日～8月31日、10月16日～11月30日は～16時30分) 休公式サイトにて要確認 交坂手港から車で5分 P20台 MAP折込表D2

日本3大そうめんの産地で伝統技術に触れる

小豆島そうめんは、およそ430年前にそうめん発祥の地・奈良県三輪(桜井市)の技術を島民が習得し、農閑期の副業として始まった。木箸で極細に引きのばし、天日乾燥して仕上げる手練りの手延べ法は今も変わらない。小豆島町にある**なかぶ庵**(☞P47)では、できたての生そうめんが味わえるほか、工場見学やそうめんの箸分け体験も楽しめる。

工場直営ならではのモチモチ食感が楽しめる生そうめんは絶品!

小豆島は日本のオリーブ発祥の地

輸入作物の国内栽培を目指した明治政府が、明治41年(1908)にオリーブの苗木を輸入。最初に栽培に成功したのが、オリーブの産地、地中海地方の気候に似た小豆島だった。現在、国内オリーブ生産の約9割を香川県が占め、そのほとんどが小豆島産だ。これまでに培われてきたオリーブの循環型農業や、観光振興などが世界的に高く評価され、2021・2022年と2年連続で国際認証団体グリーン・デスティネーションズ「世界の持続可能な観光地TOP100選」に選定された。

井上誠耕園 らしく園(☞P48)では園内で育ったオリーブの木や植物を使ったハーバリウム作りが体験でき、楽しみながらオリーブについて知ることができる(体験は要事前問合せ)。

ハーバリウムで室内をかわいく演出

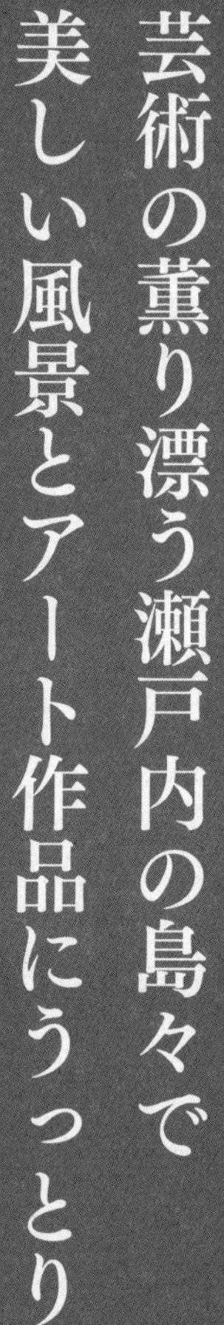

芸術の薫り漂う瀬戸内の島々で美しい風景とアート作品にうっとり

美術館やアートプロジェクトなど、芸術作品が数多く点在する個性的な島々がお待ちかね。感性をくすぐる現代アートに出合い、穏やかな風景に癒やされる。直島をはじめとする代表的な5つの島をご案内します。

これしよう！

海山の美しい自然とふれあう

豊島美術館周辺の山腹に整備・保存された、美しい棚田（☞P63）。

これしよう！

島ならではのグルメ&みやげをチェック！

豊かな自然に育まれた島の名産品を使ったランチやスイーツを堪能（☞P60・64）。

これしよう！

自然と調和する芸術作品を鑑賞する

世界で活躍する芸術家の作品が、直島のあちらこちらに点在する（☞P56）。

「南瓜」草間弥生 2022年
©YAYOI KUSAMA
撮影：山本糾

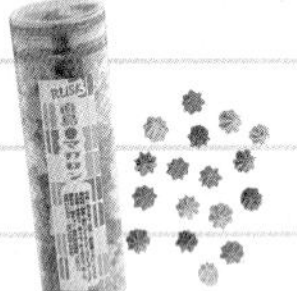

直島のおみやげは海の駅「なおしま」で（☞P66）

自然と現代アートが融合

直島・アートな島々

なおしま・あーとなしまじま

こんなところ

3年に一度「瀬戸内国際芸術祭」が開かれる瀬戸内海の島々。なかでも現代アートの聖地とされるのが直島だ。島のあちこちに展示されたアート作品が、のどかな自然と調和している。直島と共にアートの島とされるのが豊島や犬島。男木島・女木島も、のどかな風景が広がっている。

access

●高松港から直島・宮浦港へ
四国汽船のフェリーで50分／520円（高速船で30分／1220円）

●高松港から直島・本村港へ
豊島フェリーの高速船で30分／1220円

●高松港から豊島・家浦港へ
豊島フェリーの高速船で35～50分／1350円

●高松港から男木島・女木島へ
雌雄島海運のフェリーで男木島まで40分／510円、女木島まで20分／370円

問合せ
☎087-892-2299
NPO法人直島町観光協会
☎0879-68-3135
NPO法人豊島観光協会
☎087-873-0001
高松市男木出張所
☎087-840-9055
鬼ヶ島観光協会（女木島）
広域MAP 折込裏D3・E2

※料金は大人片道の乗船料金です

～直島・アートな島々　はやわかりMAP～

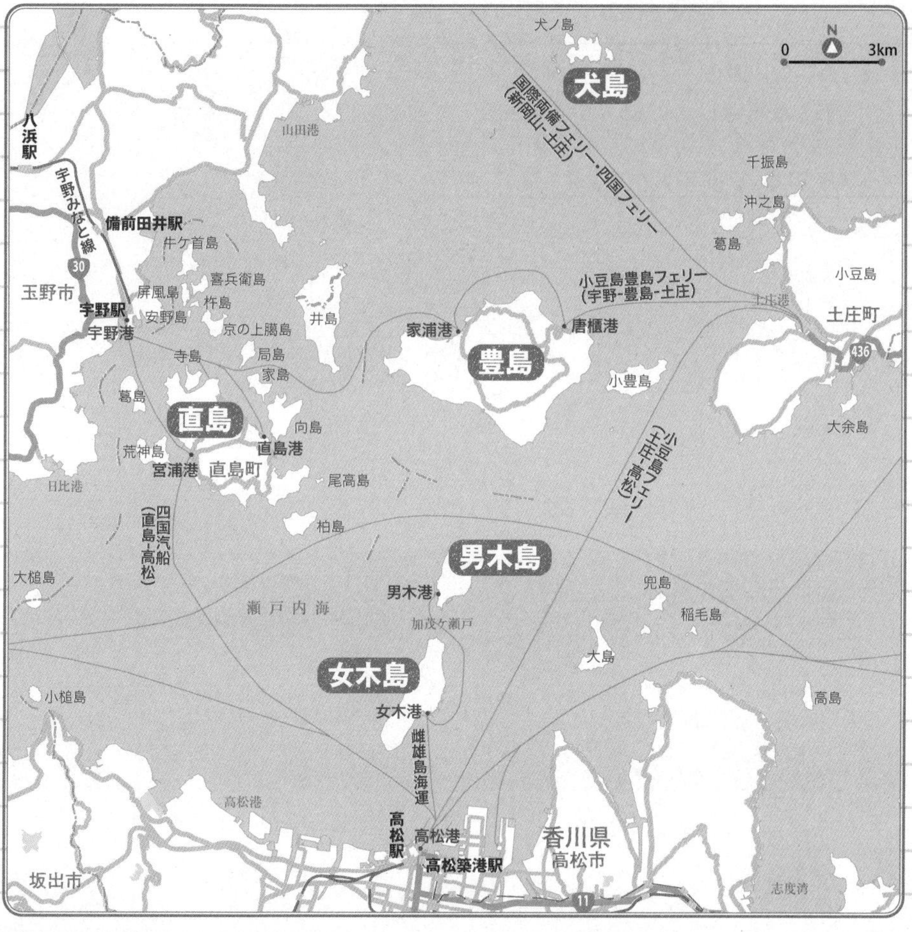

犬ノ島
N
0　3km
犬島
国際両備フェリー・四国フェリー（新岡山-土庄）
山田港
八浜駅
宇野みなと線
千振島
沖之島
備前田井駅
牛ケ首島
30
葛島
小豆島
玉野市
屏風島
喜兵衛島
杵島
小豆島豊島フェリー（宇野-豊島-土庄）
土庄港
土庄町
宇野駅
安野島
井島
宇野港
京の上臈島
家浦港
唐櫃港
436
寺島
局島
家島
豊島
小豆島
葛島
直島
向島
大余島
直島港
荒神島
宮浦港
直島町
小豆島フェリー（土庄-高松）
日比港
尾高島
四国汽船（直島-高松）
柏島
男木島
大槌島
男木港
兜島
瀬戸内海
稲毛島
加茂ケ瀬戸
大島
女木島
小槌島
女木港
高島
雌雄島海運
高松港
高松駅
高松港
香川県
高松市
高松築港駅
坂出市
志度湾
11

注目の島々はコチラです

なおしま
直島 ☞P56

地中美術館をはじめとする数々のアートスポットがあり、野外にもアート作品が展示されている。まさに瀬戸内を代表する芸術の島。

てしま
豊島 ☞P62

湧き水が豊富で、稲作や漁業が盛んであった、文字どおり「豊かな島」。近年、豊島美術館や豊島横尾館などアートスポットが充実。

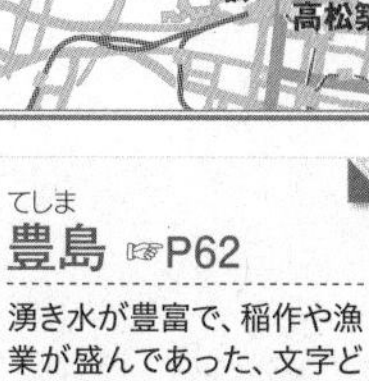

おぎじま・めぎじま
男木島・女木島 ☞P68

ノスタルジックな町並みが残る男木島、桃太郎伝説と結びつく女木島。ゆったりとした島時間を感じながら、散策を楽しんで。

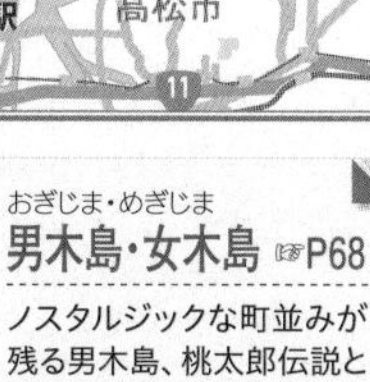

いぬじま
犬島 ☞P70

岡山県に属する小さな島。銅の製錬所跡を利用した美術館など、近年はアートの島として注目。マリンアクティビティも楽しめる。

アートの聖地・直島で自然と調和する芸術を鑑賞

現代アートの聖地として、世界中から注目を集める瀬戸内海の小さな島。のどかな島の景色に溶け込む美術館や作品をたっぷり楽しもう。

▲台風で破損したが、1年の復元制作を経て2022年10月に新作展示された

直島のまわり方

どんな島?
周囲約16㎞の小さな島。宮ノ浦(みやのうら)エリア、本村(ほんむら)エリア、美術館エリアの3つのエリアに美術館やアート作品が点在する。バスや自転車を活用しながら巡るのがおすすめ。

島内のアクセス
島内の大きな移動は直島町営バス(1回100円)が基本。バス停つつじ荘からは、ベネッセアートサイト直島の場内シャトルバス(無料)が15～30分間隔で運行しており、美術館エリアの移動に便利。

バス
宮浦港
↓ 約6分
農協前
↓ 約5分
つつじ荘

レンタサイクル

てぃーぶいしーなおしまれんたる みやのうらてん
TVC直島レンタル 宮浦店
☎087-892-3212 住直島町2249-6 ¥1日500円～(変速ギア付自転車)、1500円～(電動アシスト自転車) 🕒8時30分～19時(10～6月は～18時) 休月曜 MAP P57

おうぎやれんたさいくる
おうぎやレンタサイクル
☎090-3189-0471 住直島町2249-40 ¥1日1200円～ 🕒8～18時 休無休 MAP P57

かぼちゃ
南瓜

海を借景に存在感を放つ草間彌生の代表作品

ベネッセハウス ミュージアム(☞P59)の展示作品の一つで、直島のシンボル的存在。古い桟橋に設置された高さ2m、幅2.5mの屋外彫刻で、瀬戸内海の自然とアートが調和する光景が訪問者の目を楽しませる。

☎087-892-3223(ベネッセハウス) 住直島町琴弾地 ¥🕒休鑑賞自由 交バス停つつじ荘からすぐ Pなし MAP P57

「南瓜」草間彌生 2022年 ©YAYOI KUSAMA
撮影:山本糾

あかかぼちゃ
赤かぼちゃ

港で来島者を出迎えるもう一つのかぼちゃ

宮浦港に到着するとまず目に飛び込んでくる巨大なオブジェ。草間彌生のアート作品で、かぼちゃの表面の水玉が一部くり抜かれ、内部に入ることができる。

☎087-892-2299（NPO法人直島町観光協会）住直島町宮浦2249-49 ¥営休鑑賞自由 交宮浦港からすぐ Pなし MAP P57

草間彌生「赤かぼちゃ」2006年
©YAYOI KUSAMA直島・宮浦港緑地
写真：青地 大輔

◀島の玄関口・宮浦港に隣接する公園に設置されている

なおしまぱゔぃりおん
直島パヴィリオン

青と白のコントラストが美しい不思議な形の島

27の島々からなる直島の、28番目の島というコンセプトの作品。縦横それぞれ7.5m、高さ6.3mの多面体は、三角形のステンレス製金網を250枚使用して作られている。

☎087-892-2299（NPO法人直島町観光協会）住直島町宮浦2249-49 ¥営休鑑賞自由 交宮浦港からすぐ Pなし MAP P57

直島パヴィリオン 所有者：直島町
設計：藤本壮介建築設計事務所
写真：福田 ジン

▶浮遊現象という、海面から島が浮き上がって見える現象をイメージした作品

▶「SANAA」が設計し、2016年に設置された

なおしまこうたーみなる
直島港ターミナル

巨大な球体が連なる直島港のシンボル

直径4mの半透明の球体を積み上げた建物が特徴的な、小型船乗り場である直島港の待合所・駐輪場。夜はライトアップされ幻想的な雰囲気が漂う。

☎087-892-2299（NPO法人直島町観光協会）住直島町本村 ¥営休見学自由 交直島港からすぐ Pなし MAP P57

世界中のファンを魅了する ベネッセアートサイト直島へ

名だたるアーティストの作品が鑑賞できるベネッセアートサイト直島の美術施設。島の風景と調和したすばらしい建築と一緒に現代アートを堪能しましょ。

なおしませんとう「あいらぶゆ」

直島銭湯「I♥湯」

独創的な芸術空間でアートな入浴を体感

アーティスト・大竹伸朗(おおたけしんろう)の世界観がすみずみまで反映された入浴できる美術施設。外観・内観はもちろん、浴槽や風呂絵、モザイク画、トイレの陶器までアートがちりばめられている。

☎087-892-2626(NPO法人 直島町観光協会) 住直島町2252-2 ¥鑑賞660円、15歳以下310円 ⌚13～21時（最終受付20時30分）休月曜（祝日の場合は翌日）、メンテナンス休館あり 交宮浦港から徒歩2分 Pなし MAP P57

▲大竹伸朗　直島銭湯「I♥湯」(2009)　写真：渡邉修

おみやげはコチラ

◀風呂桶 3000円。現地でも使用されている桶。直島銭湯の気分を自宅で楽しめる

▶ふっくらとした肌ざわりの今治 ラブ美タオル1500円

▼家プロジェクト「はいしゃ」大竹伸朗「舌上夢／ボッコン覗」(2006)
写真：鈴木研一

あんどう みゅーじあむ

ANDO MUSEUM

安藤忠雄の建築要素を凝縮したミュージアム

築約100年の木造民家の内部に打ち放しのコンクリート空間が広がる安藤忠雄(あんどうただお)設計のミュージアム。自身の活動や直島での取り組みを紹介する写真やスケッチ、模型などを公開。

☎087-892-3754(福武財団) 住直島町736-2 ¥鑑賞520円、15歳以下無料 ⌚10～13時、14時～16時30分（入館は閉館の30分前まで）休月曜（祝日の場合は翌日）、メンテナンス休館あり 交バス停農協前から徒歩5分 Pなし MAP P57

▶写真：浅田美浩

いえぷろじぇくと

家プロジェクト

空き家などを利用したアートプロジェクト

本村地区の空き家などを改修し、空間そのものを作品化するアートプロジェクト。「きんざ」「南寺」など7軒が公開されている。町並みに溶け込む作品を歩いて鑑賞しよう。

☎087-892-3223（ベネッセハウス）住直島町本村地区 ¥料金、予約方法は公式Webサイトを要確認 ⌚10時～16時30分 休月曜（祝日の場合は翌日）、メンテナンス休館あり 交バス停農協前下車、各作品へは徒歩3～5分 Pなし MAP P57

情報収集は「本村ラウンジ＆アーカイブ」で

写真：鈴木研一

家プロジェクトの案内やチケット販売を行う。アーティストの書籍や直島関連のオリジナルグッズも揃う。☎087-840-8273 住直島町850-2 ⏲9時30分～16時30分 休月曜（祝日の場合は翌日）交バス停農協前からすぐ Pなし MAP P57

▶ヴァレーギャラリー（2022）
写真：宮脇慎太郎

べねっせはうす みゅーじあむ
ベネッセハウス ミュージアム

安藤忠雄設計の宿泊できる美術館

美術館とホテルが一体となった施設。「自然・建築・アートの共生」をコンセプトとし、館内や施設周辺の海岸線や林の中にもアート作品が点在する。2022年にオープンしたヴァレーギャラリーも必見。

☎087-892-3223（ベネッセハウス）住直島町琴弾地 ¥鑑賞1300円（ヴァレーギャラリーの入館料含む）、15歳以下無料 ⏲8～21時（最終入館20時）、ヴァレーギャラリーは9時30分～16時（最終入館15時30分）休無休、メンテナンス休館あり 交バス停つつじ荘から徒歩15分／無料シャトルバスに乗り換え5分、ベネッセハウス ミュージアム下車すぐ Pあり（宿泊者のみ利用可、ヴァレーギャラリーはなし）MAP P57

▲「ナルシスの庭」草間彌生1966/2022年 ヴァレーギャラリー ©YAYOI KUSAMA 写真：森山雅智

▼写真：山本糾

ちちゅうびじゅつかん
地中美術館

自然と調和する空間で作品と建築が響き合う

瀬戸内海の美しい景観を損なわないよう、建物の大半を地中に埋設した美術館。クロード・モネ、ジェームズ・タレル、ウォルター・デ・マリアの作品を恒久設置する。

☎087-892-3755 住直島町3449-1 ¥鑑賞2100円、15歳以下無料 ⏲10～18時（10～2月は～17時、入館は閉館の1時間前まで）※オンライン予約制 休月曜（祝日の場合は翌日）、メンテナンス休館あり 交バス停つつじ荘で無料シャトルバスに乗り換え7分、地中美術館下車すぐ P60台 MAP P57

▼写真：藤塚光政

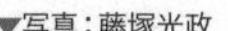

おみやげはコチラ

◀地中美術館を上空から見た図があしらわれているトラベルタンブラー4620円（350㎖）

▶モネのレシピのはちみつクッキー600円（左）、モネのレシピのラズベリージャム710円（右）。料理にも造詣が深かったモネのレシピがもとになっている

りうふぁんびじゅつかん
李禹煥美術館

海と山の谷間にたたずむ美術館

国際的にも高く評価されているアーティスト・李禹煥の70年代からの絵画・彫刻を公開する個人美術館。安藤忠雄による最小限の要素で構成されたシンプルな建築もみどころ。

☎087-892-3754（福武財団）住直島町倉浦1390 ¥鑑賞1050円、15歳以下無料 ⏲10～18時（10～2月は～17時、入館は閉館の30分前まで）休月曜（祝日の場合は翌日）、メンテナンス休館あり 交バス停つつじ荘で無料シャトルバスに乗り換え5分、李禹煥美術館下車すぐ Pなし MAP P57

ベネッセアートサイト直島とは、株式会社ベネッセホールディングスと公益財団法人 福武財団が、直島、豊島、犬島を舞台に展開するアート活動の総称です。

懐かしさ漂うレトロな空間で体にやさしい直島グルメを

直島には、古民家を改装したカフェや食事処が点在。温かみのある雰囲気に包まれて、栄養たっぷりのごはんをどうぞ！

えぷろん かふぇ
APRON CAFE

アート散策のひと休みに古民家カフェでほっこり

「おいしく食べて体も元気に」と、管理栄養士であるオーナーが考案した季節のスペシャルランチが評判。ランチは地元の旬の野菜を中心に、ほぼ1日分の野菜がとれる献立。オーナー手作りのスコーン450円～もおすすめ。

☎090-7540-0010 住直島町777 ⏰11時30分～14時30分 休月曜（祝日の場合は営業）、ほか不定休あり 交バス停農協前から徒歩5分 P町営駐車場利用 MAP P57

▲草花に囲まれた庭にはテラス席も（左）。クランベリー＆ココナッツ450円など、人気のスコーンはテイクアウトもOK（右）

季節のスペシャルランチ 1680円
季節ごとに体が必要とする栄養を取り入れた、季節のスペシャルランチの一例

あいすなおセット 1650円
岡山県の無農薬玄米ご飯に4種の惣菜や呉汁が付く

げんまいしんしょく あいすなお
玄米心食 あいすなお

滋味豊かな島ごはんでパワーチャージ！

店は築90年の古民家を改装した心地よい空間。郷土料理の呉汁など野菜中心のおかずと、酵素玄米のご飯がセットになった定食をはじめ、ヴィーガン対応メニューが揃う。

☎087-892-3830 住直島町761-1 ⏰11～15時LO 休月・火曜 交バス停農協前から徒歩2分 Pなし MAP P57

◀店は家プロジェクト「きんざ」の斜め向かい。ご飯茶碗ののれんが目印

静かな時間が流れる大人の隠れ家カフェ

家プロジェクト「南寺」から徒歩3分の場所にたたずむ「カフェサロン 中奥」。古民家を改装した落ち着いた空間で、丁寧にドリップするコーヒーやこだわりのオムライス980円を。写真は濃厚な抹茶の風味が香る抹茶のチーズケーキ500円、カフェラッテとのセット800円。☎087-892-3887 住直島町本村中奥1167 ⏰11時30分～14時30分LO、17時30分～20時30分LO 休月・火曜、ほか不定休 交バス停農協前から徒歩6分 Pなし MAP P57

コンニチハカレーセット 1680円
シーフードたっぷり！サラダ・ドリンク付き

なおしまかふぇこんにちは
直島カフェコンニチハ

ゆるりと過ごせるカジュアルな空間

自他ともに認めるゆるさが人気で、友だちの家にいるかのような居心地抜群のカフェ。定番ランチ&日替わりスイーツに加え、ドリンクも充実している。テラス席もあり、海のそばというロケーションも素敵。

☎087-892-3308 住直島町845-7 ⏰だいたい10～18時ごろ 休不定休 交バス停農協前から徒歩2分 Pなし
MAP P57

◀天気のよい日はビール片手にテラス席で海を眺めるのもおすすめ

わかふぇぐぅ
和cafeぐぅ

島散策の途中にちょっとひと息つける場所

香川大学直島地域活性化プロジェクトという学生団体が手がけるカフェ。調理や接客、メニュー開発やお金のやりくりもすべて学生たちで行っている。直島の食材を使った数量限定のランチメニューや、甘さ控えめの手作りワッフルなどのスイーツなどが味わえる。

☎なし 住直島町836 ⏰11時～17時30分（17時LO）休月～金曜 交バス停農協前からすぐ Pなし MAP P57

▲畳のお座敷で実家のようにのんびりとくつろげる（左）。直島の一軒の古民家を利用したカフェ。観光ガイドや島民向けのイベントも企画する（右）

直島☆のりのり丼 900円
ふわとろ卵の他人丼に直島産の海苔をたっぷりとのせて。サラダ、汁物、漬物付き

▶サクサクのワッフルとひんやり抹茶アイスが相性抜群のなごみ和っふる650円

直島の本村エリアでは島の名産品を使用した絶品ランチやスイーツを提供する食事処やカフェが点在しています。散策の途中におすすめです。

心に響く作品が点在。豊島でアート三昧なひととき

緑豊かな田畑や美しい瀬戸内海の景色が広がる豊島。島に広がる美しい自然と調和する「アート」に触れ、五感を刺激される芸術旅を満喫しましょ。

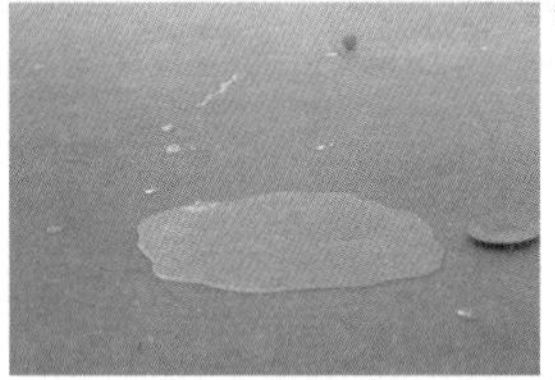

◀▲内藤礼「母型」(2010年)　写真：森川昇

豊島美術館（てしまびじゅつかん）

棚田の一角に立つ水滴のような形の美術館

目の前の棚田風景に溶け込む、アーティスト・内藤礼（ないとうれい）と建築家・西沢立衛（にしざわりゅうえ）による美術館。周囲の風や音、光を取り込んだ館内で、水を用いた作品が鑑賞できる。

☎0879-68-3555 住土庄町豊島唐櫃607 ¥鑑賞1570円、15歳以下無料 ⏰10～17時（冬期は～16時、入館は閉館の30分前まで）※オンライン予約制 休3～11月火曜、12～2月火～木曜（いずれも祝日の場合は翌日、月曜が祝日の場合は火曜開館、翌水曜休館）交バス停豊島美術館前から徒歩2分 P10台 MAP P65

▶写真：森川昇

豊島のまわり方

どんな島?　家浦(いえうら)・唐櫃岡(からとおか)・唐櫃浜(からとはま)・甲生(こう)・硯(すずり)の5カ所でアート作品が楽しめる。2つの港を起点に、バスや電動自転車で効率よくまわろう。

島内のアクセス　家浦港と甲生、唐櫃の2方向を結ぶ2路線のシャトルバス(1回200円)がある。バスは定員25人前後と小さいので混雑時には地元の人を優先して。

バス

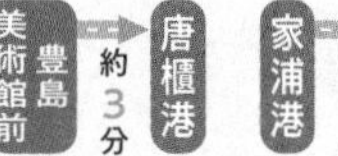

レンタサイクル

土庄町電動レンタサイクル（とのしょうちょうでんどうれんたさいくる）

☎0879-68-3135（NPO法人豊島観光協会）住土庄町豊島家浦3841-21 ¥4時間1000円（以降1時間ごとに100円）⏰9～17時 休火曜（月・火曜が祝日の場合は営業、翌水曜休）MAP P65

＼ ココでひと休み ／

鑑賞の後は豊島産の食材を使ったメニューを楽しめる館内のカフェでひと休み。併設のショップではオリジナルグッズや書籍なども購入できる。⏰10時～16時30分LO（11～2月は～15時30分LO）

▲豊島産のレモンを使用。レモンロールケーキ520円

＼ グッズもチェック! ／

▶美術館オリジナルTシャツ（半袖）2750～3300円。内藤礼デザインのオリジナルTシャツは、子どもサイズもあるので親子で一緒に着られる

豊かな水で知られる豊島を象徴する棚田

唐櫃の棚田（からとのたなだ）は豊島美術館のそばに広がる棚田。一度は荒れ地になっていたが、平成22年（2010）の瀬戸内国際芸術祭の開催を機に再生され、美しい姿を見せている。一面緑に覆われる夏はもちろん、黄金色に輝く秋の景色も◎。MAP P65

はりこうば

針工場

異なる記憶をもった2つの存在がつくる新たな磁場

宇和島の造船所に放置されていた船体用の木型を、豊島のメリヤス針の工場跡に設置。別々の場所にあった2つの存在が、大竹伸朗の手で新たな作品として生まれ変わっている。

☎0879-68-3555（豊島美術館）住土庄町豊島家浦中村1841-2 ¥鑑賞520円、15歳以下無料 ◷休ベネッセアートサイト直島公式Webサイトを確認 交家浦港から徒歩10分 Pなし MAP P65

▲大竹伸朗「針工場」 写真：宮脇慎太郎

▶館内11点の平面作品のほか、庭にも作品を展開 写真：山本糾

てしまよこおかん

豊島横尾館

古い民家に広がる横尾忠則の世界

アーティスト・横尾忠則（よこおただのり）と建築家・永山祐子（ながやまゆうこ）による美術館。古民家を改修した建物や敷地内に、3連の大作絵画『原子宇宙』など11作品やインスタレーションを展示する。

☎0879-68-3555（豊島美術館）住土庄町豊島家浦2359 ¥鑑賞520円、15歳以下無料 ◷10～17時（冬期は～16時、入館は閉館の30分前まで）休豊島美術館に準ずる 交家浦港から徒歩5分 Pなし MAP P65

▶写真：山本糾

しんぞうおんのあーかいぶ

心臓音のアーカイブ

心臓音を保存する小さな美術館

「生と死」を多様な方法で表現するクリスチャン・ボルタンスキーの美術館。心臓音に合わせて電球が明滅するインスタレーションを公開する「ハートルーム」など3つの部屋で構成される。

☎0879-68-3555（豊島美術館）住土庄町豊島唐櫃2801-1 ¥鑑賞520円、15歳以下無料 ◷10～17時（冬期は～16時、入館は閉館の30分前まで）休豊島美術館に準ずる 交バス停唐櫃港から徒歩15分 Pなし MAP P65

◀豊島の穏やかな海辺にひっそりたたずむ美術館（写真：久家靖秀）

▲心臓音に合わせて電球が明滅する「ハートルーム」／写真：久家靖秀

豊島は、面積14.5km²、人口約760人の島。島の中央の壇山からの湧水は古くから豊島の稲作、農業、そして人々の生活を支えています。

新鮮な島の食材を堪能できる豊島グルメ&カフェに注目

とれたての野菜や魚、旬の果物など、島の食材をふんだんに使用。素材の味わいを追求した、彩り豊かなメニューが揃います。

島キッチン（しまきっちん）

食とアートで旅行者をつなぐ

島のお母さんが近海でとれる鮮魚や豊島の野菜を使って作る独創的な料理が楽しめる。屋外のテラスで行われるイベントは人々の交流の場に。

☎0879-68-3771 住土庄町豊島唐櫃1061 🕒11～16時（フード14時LO、ドリンク15時30分LO） 休火～金曜（祝日の場合は営業） 交バス停唐櫃岡集会所前から徒歩3分 Pなし MAP P65

❶島のお母さん、シェフ、ボランティアサポーターのこえび隊が運営する ❷豊かな島の食を味わえる、魚がメインの島キッチンセット1760円

季節のデザート
旬の果物を使った人気のオリジナルデザート600円（写真はいちごパフェ）

いちご家（いちごや）

イチゴの産地で味わう絶品スイーツ

イチゴ農家が自ら育てたイチゴを使ってパフェやクレープなどのスイーツを提供。味の濃いフレッシュなイチゴがたまらない！

☎0879-68-2681 住土庄町豊島家浦2133-2 🕒12～17時(土・日曜、祝日11時～) 休不定休 交家浦港から徒歩3分 P2台 MAP P65

いちごソース
100g600円
いちごジャム
100g600円

生いちごいっぱいパフェ950円（左）、ぜいたくスムージー750円（右）

うみのれすとらん
海のレストラン

海を眺めながら食事が楽しめる

新鮮な魚介や自家菜園の野菜、オリーブ牛など、豊島や瀬戸内産を中心とした食材をふんだんに使用した料理を提供。ランチはパスタ、ディナーではイタリア料理のアラカルトメニューが堪能できる。

☎0879-68-3677 住土庄町豊島家浦525-1 ⏰11時～15時30分（14時30分LO、パスタ売り切れ次第終了）、18～21時（20時LO、ディナーは当日11時までに要予約）休公式Webサイトを要確認 交家浦港から徒歩15分 P8台 MAP P65

しょくどういちまるいちごうしつ
食堂101号室

懐かしい雰囲気と島の美味を堪能

築80年の日本家屋で季節の野菜を使った手作りごはんやスイーツが味わえる。懐かしさ満点の座敷から庭園を眺めてくつろごう。

☎なし 住土庄町豊島唐櫃1053 ⏰11時30分～16時（15時30分LO）、18～20時（19時30分LO※要予約）休公式Webサイトを確認 交バス停唐櫃岡集会所前から徒歩3分 Pなし MAP P65

❶元は校長先生の家だったという古民家はレトロな雰囲気 ❷ヴィーガンにも対応の豊かな島のたっぷり旬野菜のヴィーガンプレート1320円

豊島の恵みいっぱいの贅沢ドリンク！

家浦港から歩いて約3分のところにある、豊島産のイチゴとレモンを使った農家直営カフェ「カフェ甘香」。旬の果実を贅沢に使ったドリンク500円と、ハンドドリップの炭焼コーヒーがおすすめ。

☎0879-68-3004 住土庄町豊島家浦3837-5 ⏰13～17時（季節により変動あり）休火～金曜、ほか不定休 交家浦港から徒歩3分 Pあり MAP P65

パスタ（ランチタイム）2000円～

❶季節の野菜と魚介で仕立てたパスタ（季節や仕入れ状況により変更あり）
❷まるで船のデッキにいるようなテラス席。目の前に沈む夕日は圧巻

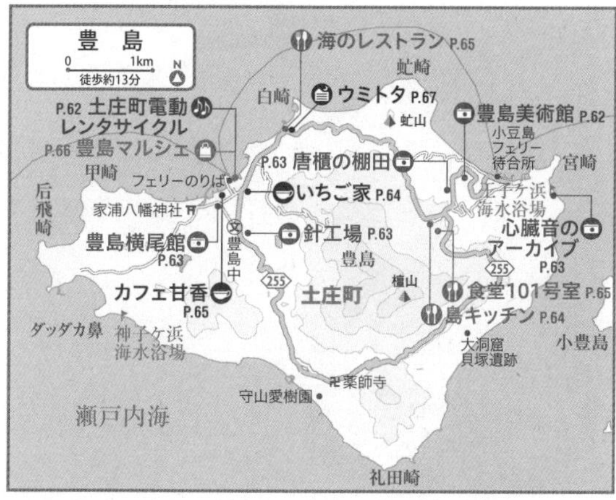

名前のとおり「豊かな島」の豊島。おいしい湧き水を使った稲作、酪農、漁業。レモンやオリーブ、イチゴに柑橘など、名産品も充実しています。

豊かな自然が育んだ銘品揃い！島みやげをお持ち帰り

港にほど近いショップには、島ならではの名産品を使ったおみやげが充実。贈り物にも自分へのギフトにもぴったりです。

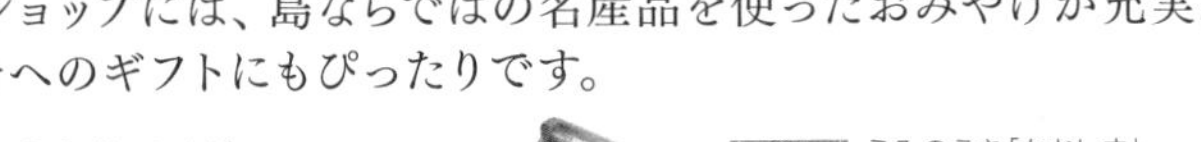

直島塩サイダー
310円
甘さと塩分がほどよくマッチして、さっぱりとしたのど越しのサイダー。A

SOLASHIO
500円
瀬戸内海の海水を太陽の熱だけで作る完全天日塩。A

直島マカロン
580円
カラフルな色合いとキュートな形に心ときめく。A

レモンケーキ
1個280円
豊島にある「社会福祉法人みくに園」が作る豊島産のレモンを使用した人気スイーツ。B

オリーブポルボローネ
各730円
香川産の希少糖とオリーブグラッセが入ったクッキー。ふんわり食感が◎！B

海に面した観光拠点で直島の情報やおみやげを

うみのえき「なおしま」
A 海の駅「なおしま」

宮浦港に隣接したフェリーターミナルに立つ、直島観光の拠点。観光案内所や乗船券売場をはじめ、カフェやおみやげ売り場も備えている。観光マップもあるのでぜひ訪れよう。

☎087-892-2299（NPO法人直島町観光協会）住直島町2249-40 ◷店舗・窓口により異なる 休無休 交宮浦港からすぐ P10台 MAP P57

▲妹島和世と西沢立衛による建築家ユニット「SANAA」が手がけたすっきりとシンプルなデザインが目を引く建物

港近くのみやげ物店には豊島の特産品がずらり

てしままるしぇ
B 豊島マルシェ

家浦港のそばにあり、レモンやイチゴ、オリーブといった地元の食材を使った菓子やジャムなどを販売。マルシェオリジナル商品もあり。

☎0879-68-3135（NPO法人豊島観光協会）住土庄町豊島家浦3841-21 ◷9時～17時30分（12～2月は～17時）休火曜（祝日の場合は翌日）交家浦港からすぐ P家浦港駐車場利用 MAP P65

▲豊島観光協会が運営する海辺のマルシェ。ここでしか手に入らない島みやげをゲット

静かな島の暮らしを体験できる くつろぎの島宿ステイ

素朴な島の風景に溶け込む古民家を、宿としてリノベーション。
島の住人になった気分で、暮らすように滞在してみませんか？

直島

しまこや ぶっく かふぇ あんど てんと すてい

島小屋 | BOOK CAFE & TENT STAY

築130年ほどの古民家を改装

古民家の中でテントに泊まる珍しい体験が話題。テントや寝袋はレンタルでき、初心者でも安心だ。カフェで提供するジャンボプリンも人気。

☎090-4107-8821 住直島町本村882-1 ⏰カフェ10時～16時30分（閑散期12時～、ジャンボプリン売り切れ次第終了）休月曜、ほか不定休 交本村港から徒歩5分 Pなし MAP P57

▲チェックインしてまずテントを設営！

CHECK
1泊素泊まり
3500円～
（テント・寝袋込）
時間
⏰IN16～19時、OUT10時

▲カフェスイーツでひと休み

▲リーズナブルに快適な滞在ができ、若い旅行者からも人気の宿

CHECK
1泊朝食付
4500円
時間
⏰IN11～15時、17時30分～21時、OUT9時30分

▲直島カレー1200円

直島

しなもん

Cin.na.mon

古民家を改装した宿に癒やされる

地元に愛され15年のゲストハウス。大人気のCin.na.mon特製カレーや、瀬戸内でとれた新鮮な魚を使ったメニューも人気。カフェバーではドリンクを種類豊富に揃え、大人から子どもまで楽しめる。

☎087-840-8133 住直島町2310-31 ⏰カフェ11～15時、17時30分～21時 休月曜、ほか不定休 交宮浦港から徒歩3分 P1台 MAP P57

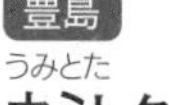

豊島

うみとた

ウミトタ

島時間を満喫する新感覚の宿

豊島の自然や海を、暮らすように感じられる一棟貸しの宿。宿泊者自身のリズムやスタイルで、一つの民家の中にさまざまな心地よい場所を見つけることができる。

☎0879-68-3386 住土庄町豊島家浦423-2 休不定休 交家浦港から徒歩15分 P数台 MAP P65

▲一棟貸しのため、宿泊は大人が最大6名までOK

CHECK
1泊朝食付
6万500円
時間
⏰IN15～18時、OUT11時

▲海を身近に感じられる

源泉かけ流し　部屋食　エステあり　禁煙ルームあり　大浴場あり　ひとり宿泊OK　インターネット可

迷路に鬼ヶ島？ 個性豊かな 男木島・女木島をのんびり散策

細く入り組んだ坂道や海岸線など、地形を生かしたアートの世界が広がる男木島や、鬼がすんだという伝説が伝わる女木島のお散歩を楽しんで。

男木島(おぎじま)ってこんなところ

迷路のような路地をアート散策

坂道に立つ民家と迷路のように入り組む路地が特徴的な島。アート作品は路地に点在する。高松から出るフェリーを利用し、女木島と合わせて1日でまわると効率がよい。島内にバスはなく、主な移動手段は徒歩。集落は坂道や階段が多いので、歩きやすい靴での移動がおすすめ。

問合せ☎087-873-0001(高松市男木出張所)
MAP P69

▲眞壁陸二「男木島 路地壁画プロジェクト wallalley」
写真：Osamu Nakamura

おぎじま ろじへきがぷろじぇくと うぉーらりー

男木島 路地壁画プロジェクト wallalley

島の景色に融合する色鮮やかな壁画

路地を散策していると突如出現するカラフルな壁面アート。民家の壁面を鮮やかに彩る作品は、画家・眞壁陸二(まかべりくじ)によるもの。島で集めた廃材などに風景のシルエットを描いている。

☎087-813-0853（瀬戸内国際芸術祭実行委員会事務局）住高松市男木町一帯 ¥時休鑑賞自由 交男木港から徒歩5～10分 Pなし MAP P69

▶のどかな港周辺では、のんびりくつろぐ猫たちがあちらこちらに

おぎじまのたましい

男木島の魂

来島者を出迎える貝殻を模したアート

港に立つ建築作品は、スペインの現代美術家・ジャウメ・プレンサによるもので、貝殻がモチーフ。屋根は、8つの言語の文字が組み合わされ、世界の多様性を表している。

☎087-813-0853（瀬戸内国際芸術祭実行委員会事務局）住高松市男木港 ¥鑑賞無料 時6時30分～17時（外観は常時鑑賞可）休無休 交男木港からすぐ Pなし MAP P69

◀ジャウメ・プレンサ「男木島の魂」
写真：Osamu Nakamura

Megijima

女木島(めぎじま)ってこんなところ

桃太郎伝説ゆかりの島

「鬼ヶ島」の異名をもち、島のいたるところで愛嬌のある鬼たちと出合える。アート作品は、女木港と鬼ヶ島大洞窟、東浦周辺に点在。夏は港からすぐのビーチが海水浴客で賑わう。港周辺は徒歩でも散策できるが、鬼ヶ島大洞窟、西浦地区へはバス（女木港「おにの館」～鬼ヶ島大洞窟往復800円）を利用しよう。

問合せ☎087-840-9055(鬼ヶ島観光協会)
MAP P69

▶港に立つ灯台はなんと鬼のデザイン。鬼が持つ金棒の部分が灯台に

▲木村崇人「カモメの駐車場」 写真：Osamu Nakamura

カモメの駐車場

かもめのちゅうしゃじょう

**防波堤にズラリと並ぶ
カモメのオブジェ**

女木島の複数の防波堤に並ぶ約300羽のカモメの風見鶏。現代美術家・木村崇人(きむらたかひと)の屋外作品で、女木港に近づくフェリーからも見える。カモメの群れの習性を視覚化している。

☎087-813-0853(瀬戸内国際芸術祭実行委員会事務局) 住高松市女木港 ¥営休鑑賞自由 交女木港からすぐ Pなし MAP P69

UMIYADO 鬼旬

うみやど きしゅん

**料亭仕込みの和食で
島の食材を堪能！**

目の前にビーチを望む民宿。島の漁師からもらう鮮度抜群の魚介や自家栽培の野菜を使い、手間ひまかけて作る料理が評判。

☎087-873-0880 住高松市女木町453 営11時30分～14時 休水曜、7月中旬～9月中旬 交女木港から徒歩5分 P10台 MAP P69

▲店主が腕をふるう今日のおまかせ定食1500円（要予約。7月中旬～9月中旬は定食の取り扱いなし、海の家として営業）

高松市鬼ヶ島おにの館

たかまつしおにがしまおにのやかた

**鬼伝説の資料や
おみやげをチェック**

船の待合所、鬼の資料館、食堂を併設する女木港そばの施設。島の総合案内所やおみやげ販売もあり、観光の拠点に利用できる。

☎087-873-0728 住高松市女木町15-22 ¥入館無料 営8時20分～17時 休無休 交女木港からすぐ Pなし MAP P69

◀鬼に関する資料を展示している「鬼の間」がある。例年11月ごろには、特産品などを展示即売する「鬼の市」を開催

大正3年（1914）に発見された鬼ヶ島大洞窟は、島の中央部、鷲ヶ峰の中腹あたりにある広さ4000㎡、奥行き400mの洞窟です。

瀬戸内海に浮かぶアートの島 犬島でぶらり芸術さんぽ

岡山県の沖合に浮かぶ小さな島には、銅の製錬所跡を利用した美術館や集落の中で展開するアートプロジェクトなど、みどころがいっぱい。

犬島ってこんなところ

銅の製錬業や採石業で栄えた島

周囲4kmほどで、歩いて一周できる小さな島・犬島。明治期の製錬所を保存・再生した美術館と、集落の中で古民家を使い、島民の生活空間と一体化したアートが点在する。港は1カ所のみ。到着したら港に隣接する犬島チケットセンターで共通の鑑賞チケットを購入しよう。

MAP P71

▼約100年前から残る「近代化産業遺産」／写真：阿野太一

1 犬島「家プロジェクト」

いぬじま「いえぷろじぇくと」

島民の生活空間にアートが融合

古い民家や場の歴史を生かしたギャラリーが集落内に現在6作品公開されている。集落の日常風景と融合した作品を求めて散策しよう。

☎086-947-1112(犬島精錬所美術館) 住岡山県岡山市東区犬島 ¥犬島精錬所美術館と共通鑑賞2100円(15歳以下は無料) ◷9時～16時30分 休火～木曜(祝日の場合は開館)、12～2月 交作品により異なる Pなし MAP P71

▼犬島「家プロジェクト」F邸　名和晃平「Biota (Fauna/Flora)」2013 写真：Takashi Homma

徒歩1分

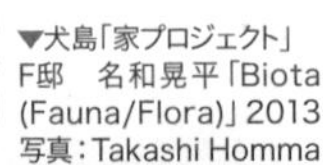

2 犬島精錬所美術館

いぬじませいれんしょびじゅつかん

閉鎖された製錬所を現代アートとして再生

明治後期の銅の製錬所を保存・再生した美術館。三島由紀夫をモチーフにした柳幸典氏のアートに加え、島の自然エネルギーを利用した三分一博志(さんぶいちひろし)氏の建築もみもの。過去と現代、未来を表現した壮大なメッセージを体感しよう。

☎086-947-1112 住岡山県岡山市東区犬島327-4 ¥犬島「家プロジェクト」と共通鑑賞2100円(15歳以下は無料) ◷9時～16時30分※入館は閉館の30分前まで 休火～木曜(祝日の場合は開館)、12～2月 交犬島港から徒歩5分 Pなし MAP P71

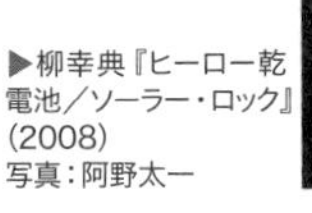

▶柳幸典『ヒーロー乾電池／ソーラー・ロック』(2008) 写真：阿野太一

▼瀬戸内の季節の魚を使ったおさかなバーガー(ポテト付き)1200円

3 カフェスタンドくるり

かふぇすたんどくるり

青空のもと犬島らしいグルメを

瀬戸内海に浮かぶ小さな離島・犬島の屋外カフェ。鳥のさえずりや草木の揺れる音に耳を傾けながら、絶品犬島グルメを堪能したい。

☎050-3185-8025 住岡山県岡山市東区犬島265 ⏰10～15時 休不定休 交犬島港から徒歩5分 Pなし MAP P71

徒歩3分

徒歩12分

徒歩15分

5 犬島チケットセンター カフェ&ストア

いぬじまちけっとせんたーかふぇあんどすとあ

犬島みやげもグルメもココで決まり!

島の郷土料理を味わえるカフェとミュージアムショップ。犬島チケットセンター内にあり、美術館入館者以外でも利用できる。

☎086-947-1112(犬島精錬所美術館) 住岡山県岡山市東区犬島327-4 ¥入館無料 ⏰9～17時(カフェは～16時30分LO) 休火～木曜(祝日の場合は開館)、12～2月 交犬島港からすぐ Pなし MAP P71

◀島民のレシピをもとにしたたこ飯セット1100円
写真：井上嘉和

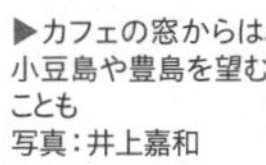

▶カフェの窓からは、小豆島や豊島を望むことも
写真：井上嘉和

美術館グッズもチェック!

犬島精錬所美術館オリジナル手ぬぐい各1100円。犬島チケットセンター内で営業するミュージアムショップで購入できる。

4 犬島 くらしの植物園

いぬじま くらしのしょくぶつえん

植物とともに暮らす歓びを体感

長い間使われていなかった施設を、島の風土や文化に根ざした植物園として再生。犬島の自然に身を置きながら「暮らし」について考える場を提供する。

☎086-947-1112(犬島精錬所美術館) 住岡山県岡山市東区犬島50 ¥無料 ⏰9時～16時30分 休火～木曜(祝日の場合は開館)、12～2月 交犬島港から徒歩15分 Pなし MAP P71

▲写真：井上嘉和

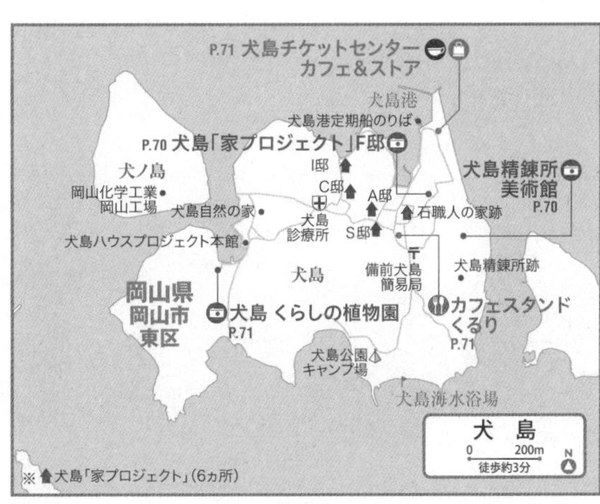

犬島島内は車の乗り入れができないので、移動手段は徒歩のみ。一周1時間ほどで歩くことができるのでのんびりお散歩しましょう。

のんびり船に揺られて訪れたい まだある瀬戸内の島

瀬戸内海の島の数は700を超える。すべては紹介できないけれど、
そのなかでも香川県にある魅力的な4島をご紹介。どの島も風情漂うすてきな場所。

しわくほんじま

塩飽本島

水軍の本拠地として栄えたノスタルジックな島

香川県丸亀市の沖合10㎞、大小28の島々からなる塩飽諸島の中心となる人口258人、面積6.75㎢の島。戦国時代には、村上水軍と並び称される塩飽水軍の本拠地として栄え、咸臨丸の乗組員を多数輩出した。また、国の重要伝統的建造物群保存地区に選定されている笠島集落の町並みや昔の役所跡である塩飽勤番所跡など貴重な文化遺産の残存数は瀬戸内の島々のなかでも屈指である。

☎0877-27-3222(本島市民センター) MAP折込裏B3

▲現在は資料館となっている塩飽勤番所跡

▲国の重要伝統的建造物群保存地区に選定

さなぎしま

佐柳島

探し物が見つかる？大天狗様が鎮座する島

多度津港から定期船で約1時間のところにある人口57人、面積1.83㎢の小島。2つの集落を結ぶ一本道を歩いているとかわいらしい猫たちに出合える。大天狗神社の大天狗様に祈願すれば失せ物を見つけてくれるという言い伝えがあるほか、2つの墓を作る「両墓制」という珍しい風習が残る。長崎集落の「埋め墓」は香川県の有形民俗文化財にも指定され大変貴重だ。

☎0877-33-1116(多度津町政策観光課) MAP折込裏A4

▲佐柳の名物の一つである、堤防の切れ目を飛ぶ猫

▲大天狗神社。367段続く石段の参道から眺める海景も◎

あわしま

粟島

日本初の国立海員学校が立つスクリュー型の島

3つの島だったものが潮の流れで一つになったことで、上空から見るとスクリュー型をしている、人口約180人、面積3.68㎢の島。明治30年（1897）に村立粟島海員補習学校を設立、海運業界に多くの人材を送り出して来た。現在は閉校し、粟島海洋記念館（2024年3月現在、改修工事中）として島のシンボルとなっている。ル・ポール粟島に宿泊すると6～10月にはウミホタルを見ることができる。

☎0875-84-7878(ル・ポール粟島) MAP折込裏A4

▲淡いグリーンがフォトジェニックな粟島海洋記念館

▲海辺に立つ鳥居がシンボルの馬城(まき)八幡神社

たかみしま

高見島

石垣と迷路のような路地が続く両墓制の島

香川・多度津港から定期船で約25分の場所にある、人口25人、面積2.36㎢の趣ある島。江戸時代中期からの伝統的様式をもつ建物が残り、『男はつらいよ』などの映画のロケ地にもなった浦集落と、海に近く昔ながらの漁村の風景をもつ浜集落がある。珍しい両墓制の墓地も残る。郷愁を誘う島内には自動販売機、飲食店などはないので、訪れるなら弁当や飲み物持参で。

☎0877-33-1116(多度津町政策観光課) MAP折込裏B4

▲急傾斜に石垣と民家が立ち並ぶ浦集落

▲定期船から見ると美しい島の形を一望できる

新旧の魅力が融合する高松で散策やショッピングを楽しみましょう

四国の玄関口として賑わう高松は、香川観光の拠点。特別名勝 栗林公園やレトロモダンな倉庫街、美しいベイエリアなど歴史あるスポットと再開発で生まれ変わったエリアが共存する町。市内の名物うどん店にもぜひ足を運びましょう。

サンポート高松(☞P76)に立つ現代アート作品『Liminal Air-core-』

これしよう!

高松ベイエリアで海辺のおさんぽ

JR高松駅や高松港を中心に商業施設が集まる。風を感じながらお散歩を(☞P76)。

これしよう!

風情ある大名庭園栗林公園を散策

江戸初期の回遊式庭園。広大な庭の多彩な景色を堪能して(☞P80)。

これしよう!

北浜alleyでカフェ&ショッピングを満喫♪

リノベーションしたレトロな倉庫街には、おしゃれなお店がずらり(☞P78)。

香川きっての市街地エリア

高松

たかまつ

さぬきの伝統工芸やご当地グルメみやげなど、個性派揃いのアイテムをチェック(☞P92)

こんなところ

県庁所在地の高松は、香川の経済・商業の中心地。高松丸亀町商店街周辺に多くのショップや食事処が集まり、買い物やグルメが楽しめる。観光地として外せないのは、かつての大名庭園である栗林公園。また、サンポート高松や北浜alleyなど、おしゃれなベイエリアのランドマークも訪れたい。

access

●新大阪駅からJR高松駅へ
新大阪駅からJR山陽新幹線のぞみで約45分、岡山駅でJR快速マリンライナーに乗り換え、JR高松駅まで約55分

●高松空港からJR高松駅へ
高松空港リムジンバスで約45分

●高松自動車道からJR高松駅へ
高松自動車道高松中央ICから県道43号・国道157号で約8km

問合せ
☎087-839-2416
高松市観光交流課
☎087-822-7060
高松観光コンベンション・ビューロー
広域MAP折込表

～高松 はやわかりMAP～

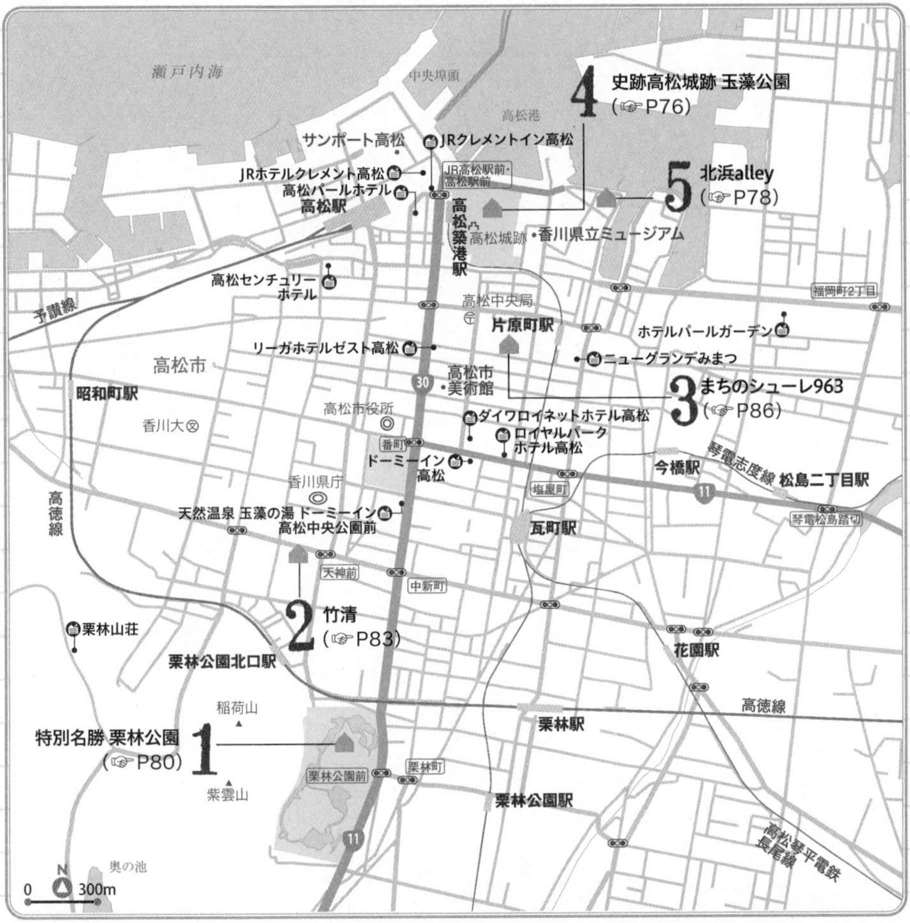

瀬戸内海
中央埠頭
高松港
4 史跡高松城跡 玉藻公園
(☞P76)
5 北浜alley
(☞P78)
サンポート高松
JRクレメントイン高松
JRホテルクレメント高松
JR高松駅前・高松駅前
高松パールホテル
高松駅
高松築港駅
高松城跡
香川県立ミュージアム
高松センチュリーホテル
予讃線
福岡町2丁目
高松中央局
片原町駅
ホテルパールガーデン
リーガホテルゼスト高松
ニューグランデみまつ
高松市
高松市美術館
3 まちのシューレ963
(☞P86)
昭和町駅
高松市役所
香川大
ダイワロイネットホテル高松
ロイヤルパークホテル高松
番町
ドーミーイン高松
今橋駅
琴電志度線
松島二丁目駅
香川県庁
塩屋町
高徳線
天然温泉 玉藻の湯 ドーミーイン高松中央公園前
瓦町駅
琴電松島踏切
天神前
中新町
2 竹清
(☞P83)
栗林山荘
花園駅
栗林公園北口駅
稲荷山
高徳線
特別名勝 栗林公園
(☞P80)
1
栗林駅
紫雲山
栗林公園前
栗林町
栗林公園駅
高松琴平電鉄長尾線
奥の池
N
0
300m
30
11

おすすめコースは

5時間30分

最初に訪れたいのは栗林公園。園内を満喫したら、うどんの名店で本場の味を堪能。午後はベイエリアに移動し、瀬戸内海の風を感じたい。玉藻公園を散策したら、北浜alleyのカフェで旅の疲れを癒やして。

スタート
1
見学
2
食べる
3
買う
4
見学
5
カフェ
ゴール

スタート ことでん栗林公園駅
▶徒歩10分
1 特別名勝 栗林公園
▶徒歩10分
2 竹清
▶徒歩20分
3 まちのシューレ963
▶徒歩15分
4 史跡高松城跡 玉藻公園
▶徒歩8分
5 北浜alley
▶徒歩13分
ゴール JR高松駅

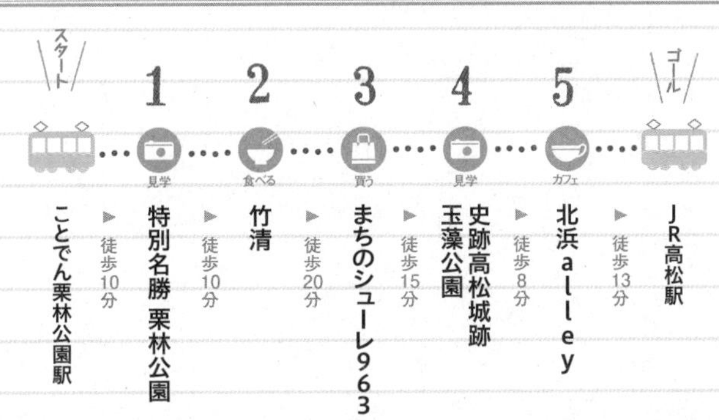

アートも！ カフェも！ お城も！ 高松ベイエリア潮風さんぽ

JR高松駅に隣接して広がる高松ベイエリア。港のアート作品から新しくできた商業施設に雑貨屋など、海辺の心ときめくスポットへおでかけしましょ。

徒歩3分

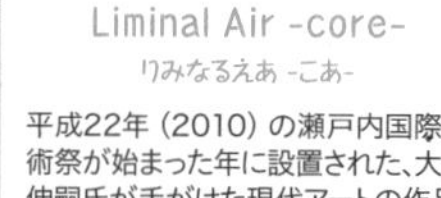

さんぽーとたかまつ

サンポート高松

アートも癒やしもおまかせ！

陸海のターミナル機能と都市拠点機能を併せ持ちつつ、瀬戸内海や玉藻公園の景観を生かし、憩いスポットとしても人気。エリア内にはホテルやレストラン、親水広場、階段式護岸などが整備されている。

☎087-822-7060(高松観光コンベンション・ビューロー) 住高松市サンポート1-1 交JR高松駅から徒歩3分 P高松シンボルタワー地下駐車場ほか近隣駐車場利用(有料) MAP折込表E4

Liminal Air -core-
りみなるえあ -こあ-
平成22年（2010）の瀬戸内国際芸術祭が始まった年に設置された、大巻伸嗣氏が手がけた現代アートの作品

明かりが灯った灯台はとても幻想的な美しさ

せとしるべ
世界初のガラス灯台として注目を集める。2019年には「日本夜景遺産」に認定された

徒歩15分

しせきたかまつじょうあと たまもこうえん

史跡高松城跡 玉藻公園

映画のロケ地としても話題の貴重な水城跡

国の指定史跡。讃岐国の領主・生駒家と高松藩主・松平家の居城だった高松城跡を整備した公園。2022年には「桜御門」が復元され、2024年3月には展示施設陳列館が「国指定史跡　高松城跡ガイダンス施設 陳列館」としてリニューアルした。

☎087-851-1521 住高松市玉藻町2-1 ¥入園200円 ◷8時30分～17時（季節により異なる）休12月29～31日 交JR高松駅から徒歩3分 P57台 MAP折込表E4

徒歩10分

海水を引き込んだ城は日本三大水城として知られる

映画のロケなどにも使用される披雲閣は国の重要文化財

▶高松城オリジナルグッズ、「プスプス高松城」1620円はダンボールパーツを組み立てて立体的な高松城天守が作れる

あじしょう
味庄

ホッと体を温める一杯を

朝5時オープンの人気店。創業時から変わらぬ味とスタイルで地元客に愛されている。機械などをいっさい使わない純手打ちの麺は、素朴な味わいのなかに甘みがあり、小麦の風味も豊か。

DATA☞P83

ぶっかけうどん(小)330円
かき揚げ100円

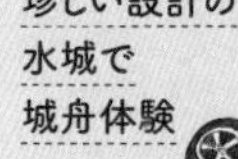

珍しい設計の水城で城舟体験

史跡高松城跡 玉藻公園の内堀では和船を浮かべ、鯛のエサやり体験や、天守台の石垣を間近に見られる城舟体験500円を実施。城舟体験は所要約30分。1日9便。12～2月は運休。

☎087-851-1521(史跡高松城跡 玉藻公園)
MAP 折込表E4

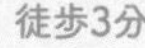

徒歩3分

たかまつ おるね
TAKAMATSU ORNE

アクセス抜群の新しい商業施設

2024年3月に開業した、JR高松駅直結の商業施設。四国の厳選したフードやおみやげを取り扱う「shikoku meguru」でショッピングしたり、北館4階の「高松アンパンマン列車ひろば」で記念撮影をしたりとみどころ満載。

☎087-811-2200 住高松市浜ノ町1-20、1-52 🕒10～20時(店舗により異なる) 休不定休 交JR高松駅直結 P166台 MAP 折込表E4

▶駅直結なので帰りにおみやげを買うにも便利

徒歩6分

しこくしょっぷはちじゅうはち
四国ショップ88

取り扱いアイテム数は県内随一

マリタイムプラザ高松1階にある四国4県の選りすぐりの品々がズラリと並ぶみやげ物店。常時2600点を超えるアイテムは、定番ものをはじめ珍しいもの、ここにしかないもの、マニアックなものなどいつも新しい発見がある。

☎087-822-0459 住高松市サンポート2-1高松シンボルタワー マリタイムプラザ高松1階 🕒10～20時(変更の場合あり) 休無休 交JR高松駅から徒歩3分 P高松シンボルタワー地下駐車場利用916台(有料)ほか MAP 折込表E4

▲新商品やユニークみやげもおまかせ

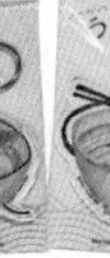

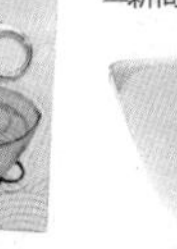

▲いつだってうどんくんアクリルキーホルダー各1210円

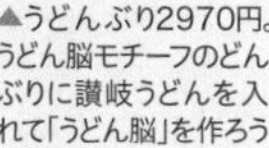
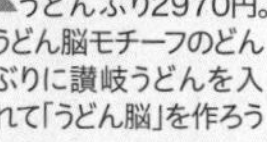

▶レモンが香るさわやかな味が特徴の讃岐うどん風グミ410円

▲うどんぶり2970円。うどん脳モチーフのどんぶりに讃岐うどんを入れて「うどん脳」を作ろう

ショップ情報をチェック

はれのひや
ハレノヒヤ 北館1階

とっておきの逸品に出合い、ハレの日気分♪

テーマは「四国の魅力が詰まった商品を巡っていただく島旅」。ご当地感あふれる豊富な品揃えで観光客はもちろん、地元の人々の日常にも彩りを添えるショップ。

☎087-802-3348 🕒8～20時 休年5日休館日あり(要確認)

▶店内には四国各地のみやげ物が数多く並ぶ

▶高松駅限定半生さぬきうどん2人前486円

▲オルネ限定で販売している栗林のくり小栗12個入り1080円(6個入りは540円)

ことでん1日フリーきっぷ1400円やことでんおんせん乗車入浴券1300円など、高松観光にお得なきっぷを事前にチェックしておきましょう。

海辺の倉庫街・北浜alleyで瀬戸内時間を満喫

さびれた海辺の倉庫街を再生した複合商業施設・北浜alley。古くて心地よい独特の空間に雑貨店、カフェ、宿など個性豊かなお店が軒を連ねています。

ノスタルジックな雰囲気漂う倉庫群を発見!

きたはまありー

北浜alley

個性派ショップが軒を連ねる

昭和初期の倉庫群や空き家をリノベーションした複合施設。カフェやパン店、雑貨店に旅館など、おしゃれで個性的な21の店が並ぶ。目の前の海を眺めながらの散歩もおすすめ。

☎087-834-4335 住高松市北浜町4-14 交JR高松駅から徒歩13分 Pあり(有料) MAP折込表E4

▲おしゃれな旅館「鶡宿」にも注目したい

食事や休憩はコチラで

つまむ

206 TSU MA MU

さぬきの食材で作るキッシュ

瀬戸内の食材を使ったキッシュや焼き菓子の専門店。本場フランスで学んだというキッシュ720円は常時10種以上。カヌレなどの焼き菓子も充実。

☎087-811-5212 🕒11～16時(キッシュ売り切れ次第終了) 休月・火曜(臨時休業あり)

▲ずらりと並ぶ焼きたてキッシュに目移りしそう

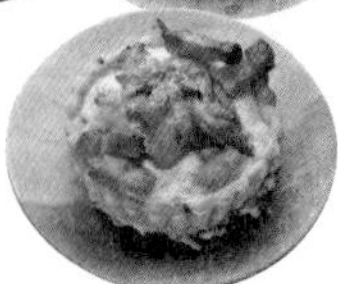

▲サクサクのブリゼ生地が特徴。おみやげ品としても人気

うみえ

umie

高松カフェの代表格

デザイン事務所が手がけるカフェ。窓の向こうには海が広がり、ソファやインテリアがセンスよく配置された開放的な空間が特別な時間を演出してくれる。

☎087-811-7455 🕒11～19時(土曜は～21時) 休水曜(祝日の場合は営業)

◀キャラメルチーノhot630円

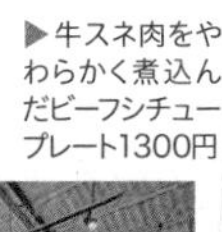

▶牛スネ肉をやわらかく煮込んだビーフシチュープレート1300円

◀全国に多数のファンをもつ高松カフェの代表的存在

本でアートなひとときを

BOOK MARÜTE(ブックマルテ)は国内外のアートを展示するギャラリースペースも併設する、アートブックや写真集を扱う小さな書店。ここでお気に入りの本を買ってカフェでのんびりするのもおすすめ。

☎090-1322-5834 MAP 折込表E4

おみやげも忘れずに

えれめんと
Element

童心に返れるワクワク雑貨店

文具や玩具、インテリアなど、見ているだけでワクワクする雑貨たちがぎっしり。作家ものや海外ものも多く、世代を問わず楽しめる。ココでしか手に入らない香川みやげ探しにぴったり。

☎087-887-0944 🕒11〜18時 休不定休

▲▶かせきさいだぁデザインのオリジナルTシャツ2900円〜とパーカー6800円〜

▶おもちゃ箱のような店

▶大人にも大人気のコレジャナイロボ3080円〜

きたはま ぶるー すとーりーず
kitahama blue stories

五感に響く、瀬戸内らしさ

香川や瀬戸内の作家作品や現代的な伝統クラフト、食品など、デザイナー目線で選ばれた個性派揃い。すべて物語性のあるおしゃれアイテムだ。

☎087-823-5220 🕒11〜18時 休火曜

▲高松のデザイン事務所が商品をセレクト

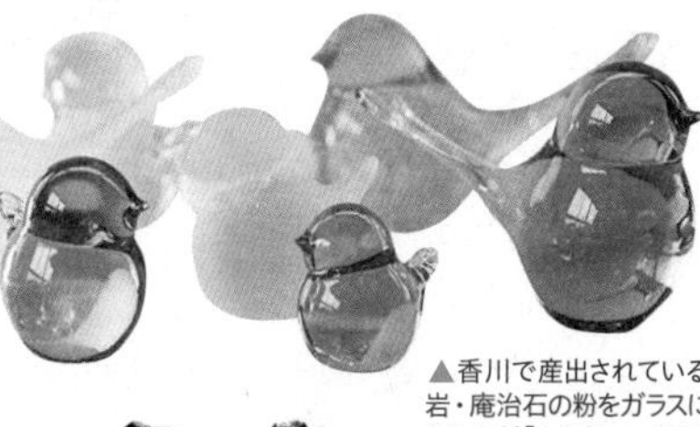

▲香川で産出されている花崗岩・庵治石の粉をガラスに溶かし込んだ「Aji Glass」でできた、幸せの蒼いとりさん3080円〜

◀SANUKIMON えんぎもんメモ・島旅レター495円。香川で盛んな獅子舞や、灯台・船など、それぞれのモチーフが立ち上がる仕様のユニークメモ

◀瀬戸内海をイメージしてブレンドしたオリジナルのコーヒーをドリップパックで気軽に味わえる、umieブレンドコーヒーDrip1袋194円〜

▲レモンの塩50g756円。瀬戸の小島・豊島(てしま)のきれいな海水と無農薬レモンから、手間ひまかけて作られた天日塩

◀大人から子どもまでどんな大きさの手にもフィットして持ちやすい、ポップなカラーのumie マグSサイズ1320円、Lサイズ1650円。全9色

倉庫の無骨な存在感やさびれた雰囲気をそのままに、それぞれのお店が個性を融合させてできあがった、小さな町のようなスポットです。

日本の美意識と歴史が息づく 広大な特別名勝 栗林公園を訪ねる

16世紀後半に築かれ、高松藩主により修築が重ねられた大名庭園。
四季折々の風情に彩られた園内を、優雅に散策してみましょう。

栗林公園のみどころをチェックしましょう！

一年中楽しめる

とくべつめいしょう りつりんこうえん
特別名勝 栗林公園

風情ある大名庭園さんぽ

高松市中心部にありながら四季を感じられる日本庭園。100年以上かけて築庭された国指定の特別名勝で散策やグルメを楽しもう。

☎087-833-7411 住高松市栗林町1-20-16 ¥入園410円 ⏰7～17時（季節により異なる）休無休 交ことでん栗林公園駅から徒歩10分 P62台 MAP折込表D6

◆栗林公園ボランティアガイド
園内各所を同行して、庭園の詳細やみどころなどをガイド。東門券売所横の詰所で申込みを。
¥無料 ⏰9～16時 休年末年始

◆定時ガイド
栗林公園の歴史や、みどころにまつわるエピソードなどを解説。所要時間は約1時間。東門券売所前集合。
¥無料 ⏰毎週日曜10時30分～（お盆、年末の日曜を除く）※事前申込み不要

なんこ&ひらいほう
南湖&飛来峰

南湖は回遊しながら景色を楽しめる設計。飛来峰は園内随一のビュースポットで、紫雲山を背景に偃月橋、南湖、掬月亭が一望できる。

きくげつてい
掬月亭

南湖のほとりにある数寄屋造りの茶屋。歴代藩主が大茶屋としてこよなく愛した建物（DATA☞P81）。

抹茶やお菓子がいただける！

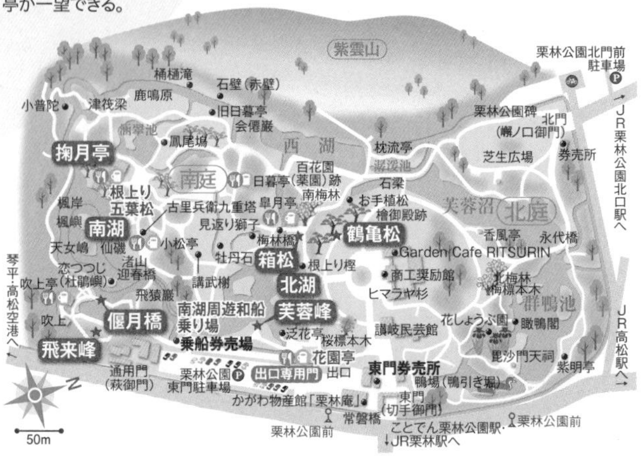

徳川家斉が贈った盆栽

掬月亭のすぐそばにある「根上り五葉松（ねあがりごようまつ）」は、もとは徳川11代将軍から賜った盆栽で、根を覆っていた土砂が水によって流出し、根が土より1m以上も上がった状態になったことが名前の由来。樹高8m、幹周り3.5mの五葉松の巨木で、時を経て見事な枝ぶりを見せる。

お気に入り鑑賞スポットを見つけよう

偃月橋（えんげつきょう）

園内の名のある橋のうち、最も大きく、反りが美しい橋。橋脚に栗の木を使用。おおむね20年に一度架け替えられる。

箱松（はこまつ）

箱の形を装った松。300年以上にわたる、庭師の緻密な手入れが作り出した見事な樹形は、ここでしか見られない。

北湖&芙蓉峰（ほっこ&ふようほう）

朱塗りの梅林橋と、白い玉敷きの汀線をもつ北湖。東側にある築山・芙蓉峰からは紫雲山を正面に北湖が一望できる。

鶴亀松（つるかめまつ）

園内でも最も美しいといわれる黒松。大振りの枝がより堂々とした姿に見せる。110個の石で亀を、松で鶴を表現。

園内のお楽しみ&グルメをCHECK

南湖周遊和船（なんこしゅうゆうわせん）

船上から園内を鑑賞！

南湖周辺の美しい景色を散策で楽しんだ後は、お殿様、お姫様気分で船遊び。散策とはまた違った角度で園内のスポットを鑑賞できる。DATA ¥620円（入園料別途）※3歳未満乗船不可、小学生以下は保護者同伴、定員6人 約30分（乗船下船時間を含む）乗船券は当日8時30分から乗船券売場にて販売。当日乗船可能人数に達した時点で終了。利用日の前月1日から前日まで事前予約も可。9時の始発から15～30分間隔で運航。季節により最終乗船時間は異なる。悪天候・そのほかの理由で運休の場合あり

掬月亭（きくげつてい）

お座敷でまったり優雅なお茶時間

お座敷に座って散策の疲れを癒やす抹茶とお菓子を堪能。DATA ☎0120-85-7170 9～16時（最終受付15時30分）休無休

◀抹茶とお菓子のセット700円。煎茶とお菓子のセット500円もある

花園亭（はなぞのてい）

朝粥とともに朝限定の景色を楽しむ

花園亭の離れ・泛花亭または本館で北湖を眺めながら食事できる。早起きして体にやさしい朝食を味わって。要事前予約。DATA ☎087-831-5255 7～18時（朝粥は～10時）休無休

◀園内の茶店のなかで唯一朝食を提供。レトロな雰囲気が魅力

昭和28年（1953）に四国で唯一の特別名勝に指定。約75haと広大な面積を有し、特別名勝の庭園では国内最大の広さを誇ります。

アクセスがよく観光にも便利 高松で味わう名物さぬきうどん

高松市中心部でうどんを食べるなら、ぜひ訪れたい人気店がこちら。昔ながらの素朴なうどんのほか、斬新な変わりダネにも注目です。

釜バターうどん 小 530円
同店の看板メニュー。温かいうちにうどんと生卵、バターなどをしっかり混ぜて

温玉肉ぶっかけうどん 660円
店で2番目の人気を誇る。甘辛く炊いた肉と温泉卵、大根おろしをトッピング

こちらもオススメ

高松市

てうちじゅうだん うどんばかいちだい 手打十段 うどんバカ一代

できたてのうどんに舌鼓

有名人や著名人が多数訪れる人気のうどん店。強いコシ、舌ざわり、のど越しにもこだわった麺が自慢。ゆで上げてから10分以内の麺しか使わない徹底ぶりに脱帽。

☎087-862-4705 住高松市多賀町1-6-7 ⌚6～18時 休第2・4水曜 交ことでん花園駅から徒歩10分 P45台 MAP折込表E5

早朝から営業をしている

高松市

うどんや ごえもん 饂飩家 五右衛門

巷で話題の黒カレーうどん

和風と黒カレーの2種のカレーうどんを提供。注目の黒カレーうどんの正体は欧風カレー。独自にブレンドした粉を使ったやや細めのもっちり麺がカレーとよく合う。夜だけの営業で締めのうどんにもぴったり。

☎087-821-2711 住高松市古馬場町13-15 ⌚20時～午前1時30分(売り切れ次第終了) 休日・月曜(3連休の場合は日曜営業)※要問合せ 交ことでん瓦町駅から徒歩5分 Pなし MAP折込表E5

黒カレーうどん 900円
デミグラスソース風のカレーは濃厚でコク深い味わい。後からピリッとくる辛さがクセになる

うどんのお供に
おでん100円～も

こちらもオススメ

ぶっかけうどん 小 330円 +かき揚げ 100円
自家製のぶっかけだしをかけていただく。サクサクのかき揚げはボリューム満点！

高松市
あじしょう
味庄
昔ながらの朝の一杯を

朝5時オープンの人気店。創業時から変わらぬ味とスタイルで地元客に愛されている。機械などをいっさい使わない純手打ちの麺は、素朴な味わいのなかに甘みがあり、小麦の風味も豊か。

☎087-851-6387 住高松市西の丸町5-15 🕒5時～売り切れ次第終了 休土・日曜、祝日 交JR高松駅からすぐ Pなし MAP折込表D4

こちらもオススメ

かけうどん 小 250円
イリコだしを薄口醤油で味付けたかけだしや、モチッとやわらかな麺はどこか懐かしい味わい

うどんタクシーで楽々うどん巡り

うどんの名店はもちろん、香川の観光スポットも併せて巡る魅力満載のツアーが充実！ 定番のうどんタクシー基本プランはエリアや時間など好みに合わせて選べて、人気店のうどんを堪能できる。
☎050-3537-5678
（コトバスセールス&ツアーズ）

▼香川県内の駅や空港、ホテルまで送迎してくれるうれしいサービスも

高松市
ちくせい
竹清
かけ×半熟卵天の最強コンビ

ほとんどの人が注文するという半熟卵天の発祥店。セルフ店では珍しく、注文が入った後に揚げてくれるので常にアツアツが食べられる。モチッとした麺のおいしさもたまらない！

☎087-834-7296 住高松市亀岡町2-23 🕒10時45分～14時30分（売り切れ次第終了）休月・日曜 交JR栗林公園北口駅から徒歩8分 P7台 MAP折込表D5

右の女性が半熟卵天の発案者！

かけ 小 270円 +半熟卵天 150円
ゆでたて麺と揚げたての天ぷら、できたてのおいしさは感動必至！

麺に濃厚な黄身を絡めて味わって

ほかではなかなか出合えない食感に注目

かけうどん 450円
店で一番の人気を誇るかけ。単品でももちろんおいしいが、半熟卵天の黄身を麺と絡めるとまた格別

観光客だけでなく地元の人からも支持される人気店

こちらもオススメ

生じょうゆ 520円
地元の醤油屋にオーダーしたオリジナルのだし醤油が、麺のうま味を引き立てる

ひと足延ばして

高松市郊外
おうどん せとばれ
おうどん 瀬戸晴れ
新食感！むにゅもち食感のうどん

九州産の小麦を使用している麺は、なかなか味わうことができない"むにゅもち"な弾力とコシを楽しめる。独特な食感にファンも多い。イリコ、かつお節の利いただしとの相性もバッチリ。

☎087-813-6988 住高松市牟礼町牟礼2694-1 🕒9～15時（売り切れ次第終了）休木曜、第2・4水曜 交ことでん八栗駅から徒歩5分 P30台 MAP折込裏E4

うどん店は昼しかやっていない店が多く、夜も営業している店は少ない。事前に営業時間を確認して、旅のプランに組み込むのがおすすめ。

香川のブランド肉や鮮魚など自慢の食材を使った高松グルメ

オリーブの恵みに育まれた豚や牛、地鶏などのブランド食材に舌鼓。瀬戸内の魚を使った鍋や寿司、伝統的な郷土料理もおすすめです。

骨付き鶏の柚子こしょう焼き
1400円
香ばしく焼き目を付けた骨付鳥を、ピリ辛の柚子胡椒ソースで

黒毛オリーブ牛食べ比べステーキ2種
200g 5220円
その日のおすすめを食べ比べ。部位ごとに最適な焼き加減で提供

いたりあん びすとろ ひらい

italian bistro Hirai

古民家でいただく旬の味覚

古民家を改装したレトロな空間で味わえるのは、地元食材を取り入れた創作イタリアン。香川のブランド豚「味豊豚(みとよぶた)」もおすすめで、カツレツやグリルで味わえる。

☎087-811-4788 住高松市丸亀町6-6 ⏰17時30分～24時（23時30分LO）休無休 交ことでん片原町駅から徒歩10分 Pなし MAP折込表E5

クアットロフォルマッジ
1700円
香りも味も濃厚！ 好みで坂出市の中田養蜂場の百花蜜をかけて

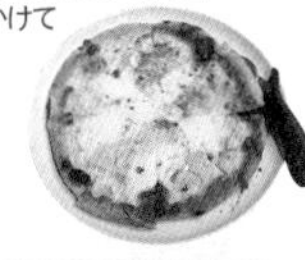

落ち着いた素敵な空間は、大人の夜のワンシーンにぴったり

すてーきはうす いちご

ステーキハウス 一牛

元祖オリーブ牛専門店

信頼ある牧場から牛を一頭飼いし、血統や育ちを明確にした安心・安全な肉のみを提供。オーダーを受けてから肉をカットし、炭火を使ってじっくりとうま味を閉じ込める。

☎087-880-5009 住高松市太田下町2306 ⏰11時30分～14時LO、17時30分～23時（土・日曜、祝日11～14時LO、17～23時）休火曜 交高松道高松中央ICから車で10分 P30台 MAP折込裏D4

黒毛オリーブ牛100%ハンバーグ
170g 1510円
ナイフを入れるとあふれ出す肉汁。脂の甘みと肉のうま味が凝縮されている

シックな個室でゆったりと食事が楽しめる

瀬戸内の旬の魚を多彩なアレンジで堪能

慶応2年（1866）創業の老舗「天勝 本店」。べえすけ、でんぶくなど、香川ならではの季節の魚を存分に味わえる。べえすけのすき焼（写真）は1人前3630円（2人前～）。

☎087-821-5380 住高松市兵庫町7-8 ⏰11～14時、17時～21時30分LO（土・日曜、祝日11～15時、17時～20時30分LO）休無休 交JR高松駅から徒歩7分 P7台 MAP折込表D5

ハマチの鍋
1人前1800円
しゃぶしゃぶすることで、余計な臭みが取れてさっぱり。自家製ごまポン酢でどうぞ

さわら味噌焼きと天ぷらセット（ランチ）
1550円（税別）
独自に調味した粗味噌のうま味が、淡白なサワラの味を引き立てる。サワラ以外の魚になる日も

さけとりょうりのなつ
酒と料理のなつ

リピーター多数の冬のお楽しみ

四国の地酒と相性バツグンの料理が豊富にスタンバイ。名物の瓦町餃子のほか、オリーブ地鶏やオリーブ豚といった香川ならではの食材も楽しめる。ワンランク上の食事をゆったり楽しんで。

☎087-851-2020 住高松市瓦町1-4-10 ⏰17時～23時30分LO（日曜、祝日は～22時30分LO）休無休 交ことでん瓦町駅から徒歩5分 Pなし MAP折込表E5

ハマチのぶっかけ胡麻まみれ
1300円
薄切りのハマチに、醤油ダレとすりゴマをオン

実はここは、元銀行。金庫を改装した個室は人気No.1

さかなやのすし とうしん
魚屋の寿司 東信

目利きが光る絶品海鮮

約50年続く老舗の鮮魚店が、毎朝市場で仕入れる新鮮な魚を驚きの価格で提供。定食だけでも20種類以上、日替わりや単品メニューも目移りするほど多彩。週末は夜営業もあり、人気のため予約必須（昼は予約不可）。

☎087-847-3925 住高松市前田西町77-1 ⏰11～14時（金～日曜、祝日11～14時、17～21時）休月曜（祝日の場合は翌日）交高松道高松中央ICから車で10分 P30台 MAP折込裏E4

さわら押し寿司
450～550円（税別）
人気のテイクアウトメニュー。購入して店内で食べることもできる

平日でも開店前から待つ客がいるほどの人気店

オリーブ牛は、小豆島のオリーブと瀬戸内の温暖な気候風土のなかで育まれてきた讃岐牛。2つの歴史が融合したプレミアム黒毛和牛です。

美しい生活雑貨と讃岐の美味を提案 まちのシューレ963へおでかけ

食、手仕事・民芸、カフェなどのゾーンに分かれ、衣食住のライフスタイルを提案するライフスタイルショップ。気になる商品とカフェをチェック!

▲広い店内には衣食住に関するさまざまなアイテムが勢揃い

まちのしゅーれきゅうろくさん

まちのシューレ963

こだわりのアイテムが勢揃い

こだわり抜いてセレクトした雑貨や食品など衣食住のアイテムが勢揃いする。暮らしにこだわる人はもちろん、おみやげ探しにもぴったり。宝物を探すように店内をじっくり見てまわると、思いがけない出合いがあるかも。

☎087-800-7888 住高松市丸亀町13-3 高松丸亀町参番街東館2階 ⏰11～19時、カフェ11時30分～18時(金～日曜は～19時30分) 休第3月曜(祝日の場合は振替あり) 交ことでん片原町駅から徒歩6分 P提携駐車場あり MAP折込表E5

▲店名のシューレはドイツ語で「学校」や「学び」を意味する言葉

Goods

いちご家 いちごソース
200g1150円
瀬戸内の離島・豊島(てしま)の旬のイチゴをソースに。しっかり粒を感じる贅沢な逸品。

シューレオリジナル 木のフレーム A5サイズ 5170円
県産の木材を使用した、自立型にもなるオリジナルのフレーム。

シューレオリジナルティー 目覚めのお茶・おやすみ前のお茶 各1620円
マスコットインコのまるちゃんのイラスト入り缶。目覚めはバラと阿波番茶、おやすみ前はカモミールとほうじ茶をブレンド。

石粉塗の箸 3850円
庵治石の細かい粉・石粉(いしこ)を混ぜた漆の塗り箸。傷が目立ちにくく、指紋がつきにくい。

シューレのドレッシング
各890円
シューレのランチのドレッシングをもとに作られたオリジナル商品。米酢のやさしい味わいが素材を引き立てる。

Cafe

▲「シューレのランチ」1800円は香川県産を中心に有機野菜をたっぷり使用したヘルシーメニュー。旬の素材のおいしさを引き出すお料理に心も体も和む

▶くつろぎの空間には香川の家具職人による家具が配され、テラス席もある

ココにも行きたい

高松のおすすめスポット

JR高松駅周辺

香川県立ミュージアム
かがわけんりつみゅーじあむ

香川の歴史と文化を学ぶ

歴史博物館と美術館が融合した博物館。香川ゆかりの作品を鑑賞できる常設展示室や、原始から近代までの香川県の歴史を学べる歴史展示室などがある。DATA☎087-822-0002 住高松市玉藻町5-5 ¥入館410円（特別展は別途）◷9～17時 休月曜（祝日の場合は翌日）交JR高松駅から徒歩10分 P50台（25分100円）MAP折込表E4

ことでん片原町駅周辺

高松市美術館
たかまつしびじゅつかん

現代アートや漆芸作品に親しむ

イサム・ノグチほか戦後日本の現代美術作品や香川の漆芸作品を多く収蔵。DATA☎087-823-1711 住高松市紺屋町10-4 ¥入館無料（コレクション展200円、特別展は内容により別途）◷9時30分～17時（特別展開催中の金・土曜は～19時）休月曜（祝日の場合は翌平日）交ことでん片原町駅から徒歩10分 P144台（25分100円）MAP折込表E5

ことでん花園駅周辺

豆花
まめはな

和菓子作りに挑戦

香川の伝統工芸・菓子木型の工房見学と和三盆作りにチャレンジできる。体験時間は約1時間。手軽に和菓子作りを楽しめる。DATA☎090-7575-1212 住高松市花園町1-9-13 ¥2000円 ◷10～17時 休木曜 交ことでん花園駅から徒歩5分 P4台 MAP折込表E6

ことでん瓦町駅周辺

洋食 おなじみ
ようしょく おなじみ

定番の洋食メニューを堪能

ボリューム満点の洋食が食べられる人気の老舗洋食店。1週間以上煮込んだデミグラスソースをかけたビッグハンバーグ800円や火・金曜限定のオムライス780円もおすすめ。DATA☎087-861-7639 住高松市瓦町2-5-10 ◷11時30分～14時（13時30分LO）、17～20時（19時30分LO）休月・木曜 交ことでん瓦町駅からすぐ Pなし MAP折込表E5

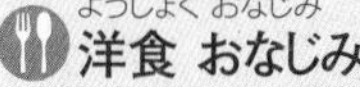

ことでん片原町駅周辺

甘味茶屋ぶどうの木
かんみぢゃやぶどうのき

讃岐名物・餡餅雑煮

香川の雑煮の定番である、餡餅雑煮が年中味わえる甘味処。手作りの餡餅を楽しめる讃岐のあんもち雑煮690円は、素朴な甘さで男女を問わず人気。DATA☎087-822-2042 住高松市百間町2-1 ◷10～19時（日曜、祝日は～16時）休月曜（祝日の場合は翌日）交ことでん片原町駅から徒歩5分 Pなし MAP折込表E5

ことでん瓦町駅周辺

象屋元蔵
きさやもとぞう

魚介の姿そのままのせんべい

イイダコやエビなど瀬戸内の魚介をのせて焼いたおととせんべいは、乾燥させることで素材のうま味を凝縮。旬の魚介を使うため季節により素材が変わる。1枚220円～、6枚1500円。DATA☎087-861-2530 住高松市藤塚町1-9-7 ◷10時30分～17時30分 休月曜(祝日の場合は営業) 交ことでん瓦町駅から徒歩11分 Pなし MAP折込表E6

仏生山

神崎屋
かんざきや

愛され続ける「吉の酢」

寛政元年（1789）創業の老舗醸造所。昔ながらの製法を守り継ぎ、杉の大樽でじっくりと発酵・熟成された米酢「吉の酢」は300㎖378円～。まろやかなお酢として人気がある。DATA☎087-889-0405 住高松市仏生山町乙49 ◷8～17時 休土・日曜、祝日 交ことでん仏生山駅から徒歩10分 P2台 MAP折込裏D4

仏生山

TOYTOYTOY
といといとい

見て楽しくなる個性派揃い!

古民家を改装した雑貨店。ことでんとのコラボグッズや国内外の民芸品、アーティストが作った商品や化石など、雑貨の範疇でさまざまな商品を取り揃える。DATA☎なし 住高松市仏生山町甲455-2 ◷12～17時 休月・火曜 交ことでん仏生山駅から徒歩9分 P仏生山温泉北側駐車場利用可 MAP折込裏D4

JR高松駅周辺

夕凪の湯 HOTEL花樹海
ゆうなぎのゆ ほてるはなじゅかい

とろみのある展望パノラマ大浴場

瀬戸内の山海の幸を楽しむ会席料理と天然温泉で疲れを癒やせる宿。樹木に囲まれた高台に位置し、高松市街地や瀬戸内海の眺望を楽しめる客室と展望パノラマ大浴場がある。DATA☎087-861-5580 住高松市西宝町3-5-10 ¥1泊2食付1万8850円～ ◷IN16時／OUT10時 交JR高松駅から車で10分 P100台 MAP折込表C5

便利な立地で旅の拠点に最適 高松タウンの厳選ホテル

市街地エリアにあり、観光にも食事にも便利なロケーション。
旅のスタイルに合わせて、快適なホテルステイを満喫しましょう。

瓦町周辺

ろいやるぱーくほてるたかまつ

ロイヤルパークホテル高松

四国初のオールクラブフロアホテル。宿泊料にはラウンジ利用と朝食が含まれる。館内はアール・デコ調に和モダンのエッセンスを加えたハイクラスな雰囲気。

☎087-823-2222 住高松市瓦町1-3-11 交ことでん瓦町駅から徒歩5分 P6台(1泊1500円)、ほか提携駐車場あり MAP折込表E5

ラグジュアリーなひとときを

CHECK
料金
ダブル1万9440円～(1名利用の場合)
ツイン2万5920円～
時間
IN15時、OUT11時

1 シックな雰囲気の宿泊者専用クラブラウンジ(18時～は未就学児、20時～は未成年の入室不可)
2 コーナーツイン2万7000円～。全室にシモンズベッドと今治産タオルを導入

JR高松駅周辺

じぇいあーるくれめんといんたかまつ

JRクレメントイン高松

フェリー・高速船乗り場に近く、島々への拠点に最適。最上階9階にある展望大浴場や、海側の客室からは瀬戸内海の美しい景色が眺められる。

☎087-811-1200 住高松市浜ノ町1-3 交JR高松駅からすぐ P高松駅地下市営駐車場利用(1泊1400円) MAP折込表E4

瀬戸内海を一望する大浴場が自慢

CHECK
料金
シングル1万2100円～
ツイン2万900円～
時間
IN15時、OUT11時

1 窓が広く開放的な展望大浴場
2 空港リムジンバス停からすぐ。館内にはコンビニや和食店、カフェ&バーも完備している

 源泉かけ流し　部屋食　エステあり　禁煙ルームあり　大浴場あり　ひとり宿泊OK

一日の締めに
ぴったり。
夜も営業する
うどん店へ

瓦町駅から徒歩3分の好立地にある「うどん職人 さぬき麺之介」。線路を走る電車を眺めながら、食事を楽しむことができる。夜遅くまで営業しているので、居酒屋としての利用もおすすめ。
☎087-802-2696 住高松市瓦町1-7-3 ⌚9～14時（土・日曜、祝日8～16時）、17時～午前2時 休無休 Pなし MAP折込表E5

▲天ぷらぶっかけ900円（夜のみの提供）

片原町周辺

りーがほてるぜすとたかまつ
リーガホテルゼスト高松

高松市街地の中央通り沿いに立地し、空港リムジンバスの停留所もすぐ。日替わり卵料理が味わえる和洋朝食バイキングも好評だ。

☎087-822-3555 住高松市古新町9-1 交ことでん片原町駅から徒歩10分 P30台（1泊1200円）MAP折込表E5

1 写真のツインルームのほか、ファミリー向けの和洋室やシャワーシングル（バスルームなし）などもある 2 朝食バイキング1900円

CHECK
料金
シングル9000円～
ツイン2万1000円～
時間
⌚IN15時、OUT11時

瓦町周辺

てんねんおんせん たまものゆ どーみーいんたかまつちゅうおうこうえんまえ
天然温泉 玉藻の湯 ドーミーイン高松中央公園前

最上階11階の男女別大浴場では、夜間も天然温泉が堪能できる。和洋室やバリアフリールームもある。ドーミーイン特製の夜鳴きそばも好評。

☎087-835-5489 住高松市天神前1-3 交ことでん瓦町駅から徒歩8分 P30台（1泊1800円、先着順、予約不可）MAP折込表E5

1 全室にシモンズベッドを採用し、快適な寝心地を提供 2 男女別大浴場のほか、露天風呂やサウナも併設

CHECK
料金
ダブル8150円～
（1名利用の場合）
ツイン1万3300円～
時間
⌚IN15時、OUT11時

瓦町周辺

だいわろいねっとほてるたかまつ
ダイワロイネットホテル高松

ショッピングモール丸亀町グリーン内にあり、客室はすべて8階以上で眺めもいい。Wi-Fi無料。

☎087-811-7855 住高松市丸亀町8-23 交ことでん瓦町駅から徒歩8分 P330台（1泊1200円）MAP折込表E5

1 モダンな雰囲気の客室。明るい照明&ワイドデスクが好評 2 西側は高松丸亀町商店街に隣接。駐車場は予約不可

CHECK
料金
シングル6000円～
ツイン9000円～
時間
⌚IN14時、OUT11時

ことでんのバス・電車のターミナル駅となる瓦町駅周辺には、瓦町FLAGや丸亀町グリーンなどの複合商業施設もあり、連日賑わっています。

屋島で爽快ドライブ

＼高松からひと足延ばして／

©SUO

所要
約7時間

屋島(やしま)ってこんなところ

歴史ロマン薫る瀬戸内の景勝地

国指定の史跡であり、天然記念物でもある屋島は、高松市街から車で約30分、屋島スカイウェイは4㎞ほど。標高300m弱を上ると、瀬戸内海国立公園のなかでも屈指の絶景が待っている。整備された遍路道や遊歩道、登山道などもあり、歩いて登っても爽快だ。『日本書紀』にも記された山城や、源平合戦の舞台など、歴史的なみどころも多彩。

☎087-841-9443(屋島山上観光協会)
交JR高松駅からJR高徳線で屋島駅まで23分。JR屋島駅から屋島山上シャトルバスで琴電屋島駅まで 8分、琴電屋島駅から屋島山上まで10分。高松自動車道高松中央ICから屋島スカイウェイで屋島山上まで約10㎞ MAP P91

ドライブアドバイス

屋島スカイウェイは途中いくつかの駐車スペースで眺望を楽しめるほか、上り坂なのに目の錯覚で下り坂に見える「ミステリーゾーン」があることでも有名。山上の有料駐車場に車を停めて、みどころを徒歩でまわってみよう。所要目安は1～2時間。

たかまつしやしまさんじょうこうりゅうきょてんしせつ「やしまーる」

1 高松市屋島山上交流拠点施設「やしまーる」

自然と一体になる川の流れのような回廊

屋島の歴史や文化の魅力を発信する交流拠点施設。ガラス張りの回廊は自然のなかを散歩しているかのような心地よさ。ショップやカフェもある。

☎087-802-8466 住高松市屋島東町1784-6 ¥入場無料 ⌚9～17時（金・土曜、祝前日は～21時）休火曜（祝日の場合は翌平日）交ことでん琴電屋島駅から車で10分 P387台 MAP P91

▲屋島の地形の起伏に合わせて設計された回廊は全長200m ©SUO

©SUO ▲展望スペースからは瀬戸内海の広大な景色を一望できる

2 屋島寺(やしまじ)

鎌倉様式の建築美と合戦の歴史を伝承

四国霊場第84番札所。四国狸の総大将「太三郎狸」を祀る蓑山大明神は子宝や縁結びにご利益があると評判。源平合戦にまつわる宝物や寺宝を展示する宝物館なども。

☎087-841-9418 住高松市屋島東町1808 ¥宝物館入館500円 ⌚境内自由（宝物館9時30分～16時、不定休）休無休 交バス停屋島山上からすぐ P屋島山上駐車場390台 MAP P91

▲本堂は鎌倉時代に建立。美しい姿に復元されている

◀「平家供養の鐘」といわれる梵鐘や本堂は国の重要文化財

▼獅子の霊巌からの夕日は「日本の夕陽百選」にも選ばれている

見晴らしのよいお茶屋でのんびりと

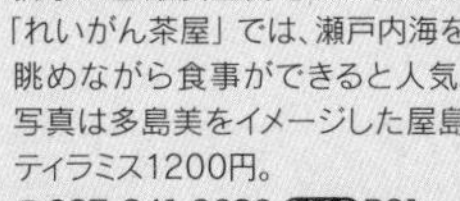

獅子の霊巌展望台そばの食事処「れいがん茶屋」では、瀬戸内海を眺めながら食事ができると人気。写真は多島美をイメージした屋島ティラミス1200円。

☎087-841-9636 MAP P91

3 獅子の霊巌展望台（ししのれいがんてんぼうだい）

壮大な眺めを誇る展望台

弘法大師ゆかりの獅子のような形をした岩があることが名前の由来。高松市街や瀬戸内海の多島美を一望できる、屋島随一の絶景ポイントだ。素焼の小皿を海に向かって投げる「かわらけ投げ」にも挑戦しよう。

☎087-841-9443（屋島山上観光協会）住高松市屋島東町 ¥️◷休見学自由 交バス停屋島山上から徒歩5分 P屋島山上観光駐車場390台 MAP P91

4 新屋島水族館（しんやしますいぞくかん）

約200種の生き物に会える

全国でも珍しい山の上にある水族館。日本ではとても貴重なアメリカマナティをはじめ、愛嬌たっぷりの生き物たちと距離が近いのが魅力。イルカ、アザラシのライブは毎日開催。土・日曜、祝日限定のイルカライブもあり。

☎087-841-2678 住高松市屋島東町1785-1 ¥入館1500円 ◷9～17時 休無休 交バス停屋島山上から徒歩10分 P屋島山上駐車場390台 MAP P91

▲透明度抜群の水槽が幻想的な館内

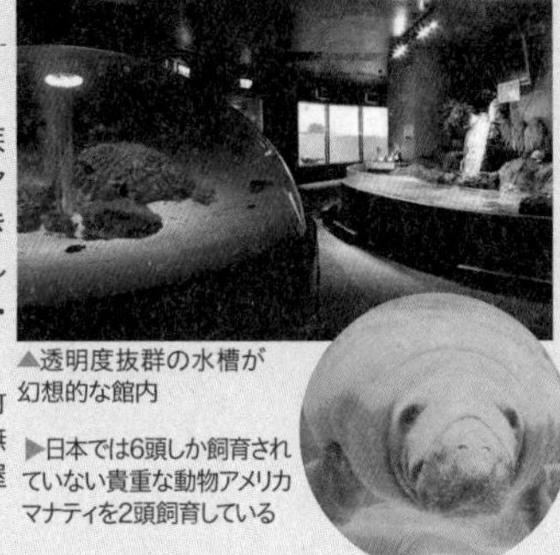

▶日本では6頭しか飼育されていない貴重な動物アメリカマナティを2頭飼育している

▼愛媛県から移築した「河野家住宅」は国指定重要文化財

5 四国村ミウゼアム（しこくむらみうぜあむ）

数々の古民家が屋島の自然に調和

四国各地の江戸～大正期の古民家33棟を移築・復元した野外博物館。四季折々の自然に囲まれ、安藤忠雄設計のモダンな美術館・四国村ギャラリーや、さぬきうどんの「わら家（☞P36）」も併設している。

☎087-843-3111 住高松市屋島中町91 ¥入村1600円 ◷9時30分～17時 休火曜（祝日の場合は翌平日）交ことでん琴電屋島駅から徒歩5分 P200台 MAP P91

やさしく美しい さぬきの手仕事に出合う

香川には職人技が光る伝統工芸品が豊富。素朴な置き物やモダンな食器などの手仕事の一点モノは、讃岐の郷土愛がこもった特別なおみやげです。

日本3大うちわの一つ 職人技が生む丸亀うちわ

伝統的な丸亀うちわの特徴は、柄と骨が一本の竹で作られていること。柄の先を細く切り裂いた骨に紙を貼って作られる。製作には47もの工程と職人の巧みな技が求められており、国の伝統的工芸品に指定されている。丸亀うちわの誕生は江戸初期。こんぴら参りのみやげ品として考案され、やがて、丸亀の主要な地場産業へと発展した。現在では、国内うちわの約9割が丸亀で作られる。太い竹で丸い柄の男竹丸柄うちわから始まった丸亀うちわは、現在は平たい柄の平柄うちわが主流で、絵柄や形はバラエティに富む。今も日本の夏の風物詩として愛されている。

◀サヌキモノウチワ各2200円。全国の90%のシェアを占める丸亀うちわを作る職人と香川のイラストレーター、オビカカズミさんとのコラボ商品。郷土玩具や干支などのモチーフがかわいい

華やかな色と模様で 魅了される香川漆器

高松市を中心に生産される漆器で、江戸時代に高松藩の保護を受けて始まった。江戸後期には香川漆器の祖・玉楮象谷が、中国伝来の漆器技法に独自の技を加えて新たな技法を創案。今に受け継がれる蒟醤(きんま)、存清(ぞんせい)、彫漆(ちょうしつ)、象谷塗(ぞうこくぬり)、後藤塗(ごとうぬり)の5つの技法が国の伝統工芸品に指定された。色漆を何層にも塗り重ね、表面を彫り下げて生まれる鮮やかな模様が香川漆器の魅力。モダンな作品も見つけられる。

▶漆水玉片手カップ7150円。香川漆器はとても軽く熱伝導率も低いため、子どもから高齢者まで使いやすいカップ

幾何学模様の芸術 讃岐かがり手まり

西讃地方では、江戸時代ごろより手まりが作られている。草木染めした木綿糸を使い、一針一針かがって雅な模様が描かれる。菊や桜の花や日本の伝統模様を幾何学的に表現しており、木綿のふくよかさと天然染めの素朴で温かな色合いが魅力。戦後に途絶えていた技法が地元の人々の手で復活し、保存活動が続く。天然香料や香木を加えた「にほひ手まり」などの新たな製品も生まれている。

▲讃岐の手まり直径6.5cm4510円～。江戸時代から続く讃岐の手まりは、砂糖、塩と合わせて"讃岐三白"とよばれた木綿の糸を丁寧に草木染めして作られている。模様や色もとりどりで、部屋に飾りたくなる愛らしさ

ぬくもりあふれる 高松張子の人形

張子とは、粘土や木型に和紙を張り合わせて作った細工物で、高松市鍛冶屋町では昔から張子などの玩具が作られていた。張子の製法は、江戸時代に松平頼重が讃岐高松藩に入封した際に伝えられたという。最も有名な高松張子が「奉公さん」。重病のお姫様の身代わりで命を落としたおまきの伝説から生まれた人形で、丸顔におかっぱ頭が愛らしく、病除けや魔除けの縁起物として親しまれている。

▶奉公さん1870円。香川の郷土玩具"つまみ人形"がお香立てに。赤い人形を着た"奉公さん"は縁起物として古くから香川では親しまれているモチーフ

ここで購入できます！

さぬきおもちゃびじゅつかんしょっぷ・かふぇ

讃岐おもちゃ美術館shop・cafe

讃岐のイイものに出会える、手に取れる

讃岐おもちゃ美術館内にあるセレクトショップ。"さぬき時間を楽しむ"をコンセプトにした雑誌『IKUNAS』から生まれた。伝統的工芸品を現代的なデザインにアレンジした商品などを販売。

☎087-887-6762 住 高松市大工町8-1 時 10時～17時30分（カフェ9時30分～17時LO） 休 木曜（祝日の場合は翌日） 交 高松道高松中央ICから車で20分 P 提携駐車場利用376台 MAP 折込表E5

足を延ばして個性あふれる人気の観光地へ

琴平や小豆島、高松を観光した翌日は、周辺の観光地を訪れるのもおすすめです。瀬戸大橋を望む街や美しい景色に出合える街、その土地ならではの風土や歴史、文化に触れるプラスαのおでかけを楽しみましょう。

瀬戸大橋のお膝元、丸亀・坂出エリアのみどころ探訪

瀬戸大橋の架かる瀬戸内海の絶景が目の前に広がる海辺のエリア。自然や歴史文化に触れ、老舗や名店のご当地グルメも楽しめます。

まるがめ 丸亀ってこんなところ

歴史を感じる城下町は骨付鳥発祥の地

現存十二天守の一つ、丸亀城がそびえる城下町。江戸時代に、こんぴらさん参りの上陸港として発展した。讃岐富士の飯野山、瀬戸内海に浮かぶ塩飽諸島の美しい風景が広がる。さぬきうどんや骨付鳥の人気店が集まるグルメの街で、特産品の丸亀うちわが有名。美術館やテーマパークなどのみどころが点在している。

☎0877-22-0331(丸亀市観光案内所)
☎0877-24-8816(丸亀市産業観光課)
交JR高松駅からJR快速サンポートで丸亀駅まで25分。高松自動車道坂出ICから丸亀市中心部まで約6㎞ MAP P95

江戸時代から残る現存十二天守のなかでも一番小さい

▲幻想的な光に包まれるライトアップ

◀4層に重なる石垣の高さは合計約60m。曲線美が美しく、「扇の勾配」と称される

まるがめじょう 丸亀城

日本随一の総高を誇る石垣に鎮座

慶長2年(1597)、海抜66mの亀山を利用して築かれた石垣の名城。現存十二天守の一つで、最上階から眺める瀬戸大橋は絶景!「丸亀城と12人のお姫様」プロジェクトなど、多彩なイベントも開催する。

☎0877-25-3881(丸亀城内観光案内所)
住丸亀市一番丁 ¥入園無料(天守入城400円) ◷入園自由(天守9時～16時30分、入城は～16時) 休無休 交JR丸亀駅から徒歩10分 P50台 MAP P95

出合えたらラッキー!ご当地キャラ

ご当地キャラが丸亀城イベントに登場するかも。詳細は丸亀市観光協会公式Webサイトを確認!

▶左からご当地グルメの骨付鳥がモチーフの「とり奉行骨付じゅうじゅう」、特産のうちわにちなんだ「うちっ娘」、戦国武将をモチーフにした「京極くん」

▲人気作家12人が描いた丸亀城の架空のお姫様が、イベントやグッズ販売で観光客をおもてなし!

さかいで うたづ
坂出・宇多津ってこんなところ

瀬戸大橋たもとの絶景エリア

県の中央部に位置し、本州と四国を結ぶ瀬戸大橋の玄関口の街。瀬戸大橋や島々が織りなす瀬戸内海の多島美、田園地帯や里山などの豊かな自然を満喫できる。老舗の製麺所などで味わう本場のさぬきうどんも楽しみ。展望スポットのゴールドタワーや四国水族館など、瀬戸大橋周辺に観光スポットが集まっている。

☎0877-35-8428(坂出市観光協会)
☎0877-44-5103
(坂出市産業観光課観光交流係)
☎0877-49-8009(宇多津町まちづくり課)
交JR高松駅からJR快速サンポートで坂出駅まで18分、宇多津駅までは22分。高松自動車道坂出ICから坂出市中心部・宇多津町中心部まで約4km　MAP P95

▼金色のハーフミラーを使用した高さ158mの展望塔

ごーるどたわー
ゴールドタワー

金色のタワーが目印

展望フロアの「天空のアクアリウム ソラキン(☞P96)」は、瀬戸内海の空を泳ぐ金魚の姿を楽しめる。 地上部分には、子どもも楽しめる屋内型遊戯施設"プレイパーク"も併設。

☎0877-49-7070 住宇多津町浜一番丁8-1 ⏰10~18時(ソラキンの土・日曜、祝日は~22時) 休無休 交JR宇多津駅から徒歩12分 P300台 MAP P95

◀鳴門海峡のうずしおをのぞいているような感覚が体験できる渦潮の景

しこくすいぞくかん
四国水族館

四国の水景を表現した水族館

「四国水景」をテーマに、鳴門海峡や太平洋など四国ならではの水中世界を再現。飼育の難しいカツオ類のほか、アカシュモクザメを見上げる水槽もある。

☎0877-49-4590 住宇多津町浜一番丁4 ¥入館2400円 ⏰9~18時(GW・夏休み期間中は延長営業あり) 休無休(メンテナンス休館あり) 交JR宇多津駅から徒歩12分 P近隣有料駐車場利用 MAP P95

▲綿津見(わたつみ)の景。水族館で最も大きなこの水槽では「黒潮」に暮らす大小さまざまな魚たちを展示

▲海面からの高低差があまりなく、プールと瀬戸内海との一体感が感じられる海豚(いるか)プール

オリジナルグッズをGETしよう!

◀シュモクザメと四国水族館をかけあわせた名前もキュートなしゅこくんのぬいぐるみ 3600円

▶サメの軟骨をパウダー状にしてうどんに練り込んだコシのあるさめうどん660円

丸亀城お笑い人力車芸人「大木亀丸」による人力車は大人1名1000円~。丸亀市観光案内所で予約できます(☎0877-22-0331)。

庭園・水族館・美術館…個性豊かなアートに出合う時間

丸亀・坂出エリアには歴史ある大名庭園や展望フロアのアクアリウム、瀬戸内海を望む美術館など、バリエーション豊かなアートスポットが点在しています。

宇多津町

てんくうのあくありうむ そらきん

天空のアクアリウム ソラキン

地上127mに位置する幻想的なアクアリウムへ

ゴールドタワー（☞P95）の展望フロアにあるアクアリウム。瀬戸内の景色を金魚・熱帯魚とともに一望できる。昼と夜で異なる印象で訪れる人々を楽しませる。

DATA☞P95 MAP P95

1 きらびやかな水槽の中で泳ぐ金魚や熱帯魚がかわいい 2 金魚やミラーボールで演出された「天空の煌めき」は、万華鏡のよう 3 熱帯魚と草花でオアシスをイメージした装飾が施されている 4 自然をテーマにした展示ゾーン「天空のうるおい」

丸亀市

なかづばんしょうえん・まるがめびじゅつかん

中津万象園・丸亀美術館

名園と名画で優雅な時を過ごそう

貞享5年（1688）に藩主・京極高豊（きょうごくたかとよ）が築いた池泉回遊式の大名庭園。園内の丸亀美術館では、ミレーの名画などを鑑賞できる。母屋南庭にある樹齢650年という大傘松もみもの。

☎0877-23-6326 住丸亀市中津町25-1 ¥入園700円、入館500円（特別展は別途） ⏰9時30分～17時 休水曜 交JR丸亀駅から車で10分 P100台 MAP折込裏B4

1 近江八景になぞらえた8つの島を橋で結ぶ池泉回遊式庭園 2 伏見稲荷分社へ続く鳥居回廊はパワースポットや、幽玄な情景のフォトスポットとして注目されている 3 一本の松が直径15mにわたって大きく傘を広げた形をしている大傘松

瀬戸内海を望むカフェで憩う

香川県立東山魁夷せとうち美術館にあるカフェ「な・ぎ・さ」では、すばらしい眺めとともに抹茶440円や、美術館の開館10周年を記念して生まれたビスコッティ・MORI、銘菓あまも150円が味わえる。あまもはおみやげに購入もOK。

坂出市

かがわけんりつひがしやまかいい せとうちびじゅつかん

香川県立東山魁夷せとうち美術館

瀬戸大橋のたもとにたたずむ小さな美術館

日本を代表する風景画家・東山魁夷の版画作品などを中心に収蔵。瀬戸大橋のライトグレー色は魁夷が景観に配慮して提案したという。魁夷の祖父が坂出市櫃石島出身という縁から誕生した美術館。建築もみどころの一つ。

☎0877-44-1333 住坂出市沙弥島南通224-13 ¥入館310円など 🕒9～17時（カフェ9時30分～16時LO） 休月曜（祝日の場合は翌日）※臨時休館あり 交JR坂出駅からバス瀬居町竹浦行きで18分、東山魁夷せとうち美術館下車すぐ P瀬戸大橋記念公園西駐車場利用300台 MAP折込裏C4

1 カフェの窓に広がる瀬戸内海を眺めながら穏やかなひとときを 2 収蔵作品を紹介するテーマ作品展（入れ替えあり）開催時の様子 3 魁夷の代表作『道』をイメージさせるアプローチにも注目

※2024年9月～2025年4月上旬（予定）まで、設備工事のため休館

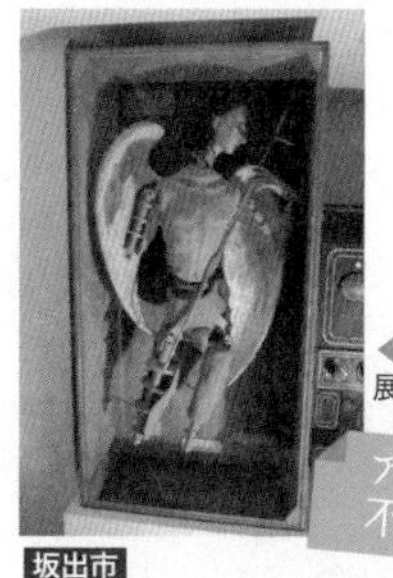

◀かつての金庫内に展示された人形

アートな不思議空間

坂出市

よつやしもんにんぎょうかん たんおうそう

四谷シモン人形館 淡翁荘

鎌田醤油駐車場北側にある昭和初期の洋館・淡翁荘内に、四谷シモンの人形23体を展示。押し入れの中など思いがけないところにも展示してあり、探し出すのも楽しみの一つ。撮影OKなのでフォトスポットにもよい。

☎0877-45-1111 住坂出市本町1-6-35 ¥入館500円 🕒金～日曜（祝日の場合も開館）10～16時 休月～木曜 交JR坂出駅から徒歩5分 P5台 MAPP95

丸亀市

まるがめしいのくまげんいちろうげんだいびじゅつかん

丸亀市猪熊弦一郎現代美術館

カフェもある駅前美術館

香川県出身の画家・猪熊弦一郎から寄贈された約2万点もの作品を所蔵し、一部を常設展で紹介。コンサートなどイベントも開催される。

photo by Yoshiro Masuda

◀全国的にも珍しい、駅前のミュージアム

☎0877-24-7755 住丸亀市浜町80-1 ¥入館300円（企画展は異なる） 🕒10～18時（最終入館17時30分） 休月曜、12月25～31日、臨時休館日あり 交JR丸亀駅からすぐ PJR丸亀駅前地下駐車場利用263台 MAPP95

丸亀市猪熊弦一郎現代美術館では、国際的なアートや現代美術を鑑賞できます。屋外の巨大なパブリックアートもみものです。

クセになるおいしさ！本場で骨付鳥を食べる・買う

丸亀は、鶏モモ肉をまるごとスパイシーに焼き上げた「骨付鳥」発祥の地。ピリリと辛くてジューシーな本場の味はヤミツキです。

骨付鳥(ほねつきどり)って？

まるごと焼き上げた鶏肉をにんにく味の特製スパイスなどで味付けする丸亀のご当地グルメ。歯ごたえがありうま味の強い親鶏と、やわらかくジューシーな若鶏の2種類がある。

骨付鳥 1045円 スパイス控えめ。たっぷりのカイワレ大根と一緒に味わうのがおすすめ

いざかやうさぎ

居酒屋うさぎ

アットホームな雰囲気の居酒屋さん。骨付鳥はスパイスやオリーブでしっかりと下味を付け、弾力のある親鶏とやわらかな若鶏を用意。地鶏や旬の魚介を使った香川の一品料理が揃い、骨付鳥にぴったりのアルコール類も豊富。

☎0877-25-1315 住丸亀市富屋町73-1 ⏰カウンター18時～22時30分LO、座敷18時～21時30分LO 休無休 交JR丸亀駅から徒歩7分 Pなし MAP P95

▶座敷のほかにカウンター席も多く、おひとりさまも気軽に入れる

骨付鳥（若君様）1300円 ハーブとガーリックの香りが食欲をそそるジューシーな味わい

ほねつきまるがめどり

骨付丸亀鳥

讃岐の若鶏と親鶏をたっぷりの鶏油（チーユ）で焼き上げた骨付鳥に、カイワレ大根を添えて提供。辛さは控えめなので、子どもでも安心して食べられる。人気の玉子焼（要予約）などの一品料理とともに味わいたい。

☎0877-21-2501 住丸亀市通町87-2 ⏰17時30分～22時 休日曜、祝日 交JR丸亀駅から徒歩5分 P1台 MAP P95

◀丸亀名物の骨付鳥チップス410円

▼薫る骨付鳥 1080円

▶骨付鳥味さぬき焼きうどん2人前432円

おみやげどころ まるがめてん

おみやげどころ 丸亀店

丸亀駅構内のセブン-イレブンに併設し、丸亀みやげと香川みやげを種類豊富に取り揃える。常温で持ち帰れる骨付鳥のほか、骨付鳥味のスナック類があるのも丸亀ならでは。うどんも種類豊富で、丸亀うちわなどの雑貨も見つかる。

☎0877-23-6460 住丸亀市新町6-3-50JR丸亀駅内 ⏰6時15分～22時30分 休無休 交JR丸亀駅コンコース内 Pなし MAP P95

▶店内には骨付鳥関連のほか、香川みやげが幅広く揃う

弘法大師のふるさとを巡る プチお遍路へ

弘法大師の生まれ故郷の善通寺市を訪ね、大師にゆかりの深い4カ寺を参拝。各寺間は車で10分ほどで行けるので、ぜひあわせて巡りたい。

お遍路の基本を知ろう

四国に点在する八十八の札所を巡る旅

お遍路とは、約1200年前に弘法大師空海が修行した足跡を訪ね、ご利益や功徳を得ようという全長約1400㎞に及ぶ巡礼の旅。かつては修験者の厳しい修行の場だったが、江戸時代に遍路の歩き方を紹介した本がベストセラーとなり、観光も兼ねた遍路が一般庶民にも広がった。宗派も国籍も問わず、初めての人も懐深く迎えてくれる。

どこからでも、いつお参りしてもOK

巡り方に決まりはなく、自分が行きやすい場所から自由に始めてOK。1番から時計回りに巡ることを「順打ち」、逆に巡ることを「逆打ち」という。閏年(うるうどし)の逆打ちは順打ちの3回分のご利益があるといわれ、2024年がこれにあたる。逆打ちの歩き遍路には難路が多いため、初めての場合は順打ちがおすすめ。

春と秋がお遍路にベストシーズン!

3月中旬～5月中旬と、9月中旬～11月中旬がおすすめだが、お遍路さんの数も多く宿が予約しづらかったり、お参りに時間がかかることも。夏は暑さ対策が必須で、虫や山道ではマムシ対策も万全に。冬期は雪で通行止めになる山道もあるので、事前に確認を。

弘法大師誕生の聖地・善通寺周辺を巡る

善通寺東院。五重塔などの伽藍諸堂が並ぶ

第75番 善通寺(ぜんつうじ)

真言宗善通寺派の総本山。金堂（本堂）がある東院と、弘法大師空海誕生の聖地である西院がある。西院にある宝物館には国宝など約2万点を収蔵。
☎0877-62-0111 住善通寺市善通寺町3-3-1 ¥拝観無料(戒壇めぐり・宝物館拝観500円) 時境内自由（本堂7～17時、御影堂は朝勤行前～17時）休無休 交JR善通寺駅から車で5分 P220台 MAP折込裏B5

▶空海が水面に自像を描いたという池

第72番 曼荼羅寺(まんだらじ)

飛鳥時代の596年の創建で、唐から帰った空海が母の菩提寺として建立したと伝わる。格天井が見事な本堂、観音堂に祀る平安後期作の聖観音立像、西行の昼寝石などみどころが豊富。
☎0877-63-0072 住善通寺市吉原町1380-1 ¥時休境内自由 交JR善通寺駅から車で12分 P乗用車30台、バス5台 MAP折込裏B5

第73番 出釋迦寺(しゅっしゃかじ)

幼少の弘法大師が衆生救済の誓願を立て我拝師山の捨身ヶ岳から身を投げ、お釈迦様に救済されたとの伝説が残る地。本堂が立つ山麓の境内や奥の院から瀬戸内海や讃岐平野を一望できる。
☎0877-63-0073 住善通寺市吉原町1091 ¥時休境内自由 交JR善通寺駅から車で13分 P30台 MAP折込裏B5

第74番 甲山寺(こうやまじ)

弘法大師が子ども時代に遊んだ地とされる。甲山の麓にある岩窟から現れた老人の教えに従い、空海はこの地に寺院を創建した。境内には14羽のうさぎ瓦と2羽のうさぎの親子の石仏があることから、うさぎ寺ともよばれている。
☎0877-63-0074 住善通寺市弘田町1765-1 ¥時休境内自由 交JR善通寺駅から車で10分 P50台 MAP折込裏B5

山からの絶景、海の美景を求めて 三豊(みとよ)・観音寺 絶景ドライブ

移動時間 約2時間40分

瀬戸内海に突き出た荘内半島がある三豊から、瀬戸内海の燧灘（ひうちなだ）に面した観音寺は、絵になる風景に出合える絶景の宝庫です。

写真提供：三豊市観光交流局

❶山頂展望台からは、幻想的な光景が広がる　❷初夏には、アジサイが観光客の目を楽しませてくれる　❸映える写真を撮るには、干潮の夕暮れどきがおすすめ　❹本宮の鳥居は「天空の鳥居」として知られ注目を集めている　❺水面すれすれのローアングルでカメラを構えるのが撮影のポイント

三豊　❶❷

紫雲出山（しうでやま）

一面に桜が咲く紫雲出山から美しい瀬戸内海を望む

荘内半島に位置する紫雲出山。春には約1000本の桜が咲き、山頂展望台からは瀬戸内海が一望できる。桜シーズンは交通規制があるので詳細は三豊市観光交流局公式Webサイトを確認して訪れよう。☎0875-56-5880（三豊市観光交流局）住三豊市詫間町大浜乙451-1 ¥営休周辺自由 交JR詫間駅から車で30分 P山頂60台 MAP折込裏A4

▶車で約20分

三豊　❸❺

父母ヶ浜（ちちぶがはま）

空を映し出す水鏡「日本のウユニ塩湖」へ

荘内半島に位置する全長約1kmのロングビーチ。遠浅の海岸で干潮時になると広大な潮だまりができる。風がない時間帯には幻想的な水鏡となり風景や人を映し出す。☎0875-56-5880（三豊市観光交流局）住三豊市仁尾町仁尾乙203-3 ¥営休周辺自由 交JR詫間駅から車で20分 Pあり MAP P101

▶車で約20分

観音寺　❹

高屋神社（たかやじんじゃ）

四国八十八景にも選ばれた本宮からの景色は圧巻

標高404mの稲積山（いなづみやま）の頂上にあり、その眺望から「天空の鳥居」として知られる。下宮から山頂の本宮まで徒歩なら約50分。ハイキング気分で頂上を目指すのも楽しい。☎0875-24-2150（観音寺市観光協会）住観音寺市高屋町2800（本宮）¥営休参拝自由 交JR観音寺駅から車で20分（土・日曜、祝日は本宮までの車での通行不可、琴弾公園駐車場からシャトルバスを運行）P20台 MAP P101

三豊（みとよ）・観音寺（かんおんじ）ってこんなところ

瀬戸内海を望む 絶景が人気のエリア

浦島太郎伝説の里といわれる三豊。四国でも有数の桜の名所・紫雲出山など、風光明媚なスポットが多い。観音寺は、琴弾公園の砂浜に描かれた巨大な砂絵で知られる"銭形のまち"。

☎0875-56-5880(三豊市観光交流局)
☎0875-24-2150(観音寺市観光協会)
☎0875-23-3933(観音寺市商工観光課)
交JR高松駅からJR快速サンポートで詫間駅まで50分。詫間駅から観音寺駅までJR予讃線で20分。高松自動車道さぬき豊中ICから三豊市中心部まで約4km、観音寺市中心部まで約8km。MAP P101

❻思い切り漕ぐと空に飛びだすようなスリルを感じる ❼ベンチに座って、のんびりと景色を眺めるのもおすすめ ❽東西122m、南北90m、周囲345mとスケールも大きい ❾琴弾山展望台から見下ろすことができ、日没から22時まではライトアップも行っている

観音寺 ❽❾
琴弾公園（ことひきこうえん）

▶車で約20分

金運アップの絶景⁉ 貨幣型の巨大砂絵

寛永10年（1633）に当時の藩主・生駒高俊公を歓迎するために造られたといわれる砂絵。ひと目見れば健康で長生きし、お金に不自由しないといわれる。☎0875-24-2150（観音寺市観光協会）住観音寺市有明町 ¥営休入園自由 交JR観音寺駅から車で5分 P85台 MAP P101

観音寺 ❻❼
雲辺寺山頂公園（うんぺんじさんちょうこうえん）

▶車で約55分

空に飛び出すような 童心に返る映えスポット

標高920mに設置されたブランコに乗ると眼前に三豊平野や瀬戸内海が広がり爽快感が味わえる。☎0875-54-4968 住観音寺市大野原町丸井1974-57 ¥入園無料(ロープウェイ往復2200円)営雲辺寺ロープウェイ8時～17時20分(下り最終便)※季節により変動あり 休無休（点検のため運休の場合あり）交高松自動車道大野原ICから車で15分 P400台 MAP折込裏B6

美しい風景に癒やされて 至福の絶景カフェでまったり

テラス席や窓辺のカウンターから穏やかな海景色を眺め、爽やかな潮風を感じながら、カフェ自慢のメニューに舌鼓。極上の憩い時間です。

ハンバーグデミグラスソース1400円などのランチを絶景とともに楽しんで

三豊

かふぇ ど ふろ

cafe de flots

倉庫をリノベーションした海沿いのおしゃれカフェ

荘内半島のつけ根、父母ヶ浜にもほど近い場所にある、オーシャンビューのカフェ。仁尾産レモンを使用したレモネードやラテアートなどのドリンク、本格的な料理やスイーツが魅力だ。

☎0875-82-4525 住三豊市仁尾町仁尾乙165-1 ⏰11時30分～16時 休木・日曜、不定休 交JR詫間駅から車で15分 P6台 MAP P101

▶明太子＆たまごのトーストサンド500円

▼カシスオレンジソーダ650円

どこに座っても海が見えるが、おすすめは窓辺のカウンター席。天気がよければ瀬戸大橋や島々が見えることも

▶窓に面したカウンター席

三豊

くらしこせとうちこーひー

CLASSICOセトウチ珈琲

瀬戸内海の絶景を見渡す海辺の一軒家カフェ

荘内半島の北側、目の前に粟島を望むカフェ。白壁にアンティークな家具が揃う店内は、シックで落ち着いた雰囲気。窓から海を眺めながら、セルフサービスのフードやドリンクが楽しめる。

☎0875-82-9045 住三豊市詫間町積583 ⏰10時～17時30分LO（11～2月は～16時30分LO）休水曜 交三豊鳥坂ICから車で30分／さぬき豊中ICから車で30分 P10台 MAP折込裏A4

ランチに新鮮なマグロを堪能

厳選したマグロをリーズナブルに提供する「若だんな」。ご飯の上にこれでもかとマグロが盛り付けられた贅沢な逸品（写真はトロをたっぷりのせたトロづけ丼1990円、大トロづけ丼は2500円）。

☎0875-83-5919 MAP 折込裏B5

三豊

ちちぶがはま ぽーと

Chichibugahama Port

ドリンク片手に父母ヶ浜の景色を眺めながらひと休み

父母ヶ浜のビーチ内にある総合案内所&カフェ。浜辺に面したテラス席で、地元の特産品を使ったドリンクや軽食が楽しめる。

☎070-2272-7061 住三豊市仁尾町仁尾乙203-3 ⏰14時～日の入り(土・日曜、祝日12時～) 休水曜 交三豊鳥坂ICから車で20分 P父母ヶ浜専用駐車場利用 MAP P101

浜辺に面したテラス席も。ほかにも無料のトイレやシャワー室（500円）を備える

◀父母ヶ浜の朝・昼・夜をイメージしたノンアルコールカクテル800円

◀父母ヶ浜産の塩をトッピングした父母ヶ浜アイス500円

三豊

べいく すたじお おかざき

BAKE STUDIO OKAZAKI

フォトジェニックなハンバーガー専門店

父母ヶ浜の目の前にあるハンバーガーとサンドの専門店。麹や野菜など地元食材を生かしたメニューが魅力。雄大な海景色を眺めながら本格的なハンバーガーを味わおう。

☎0875-23-6921 住三豊市仁尾町仁尾乙274-9 ⏰11時～18時30分（売り切れ次第終了）休平日不定休(DOUGHNUT-HOLICは木・金曜休) 交JR詫間駅から車で20分 P父母ヶ浜専用駐車場利用 MAP P101

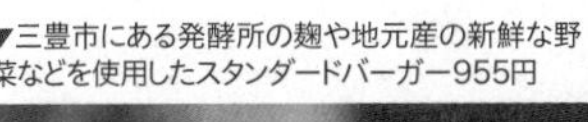

ネオンの光がおしゃれな外観はアメリカ西海岸を思わせる雰囲気

▼三豊市にある発酵所の麹や地元産の新鮮な野菜などを使用したスタンダードバーガー955円

▲隣にある「DOUGHNUT-HOLIC」のカラフルなドーナツも大人気

 今は絶景スポットとして知られる父母ヶ浜も埋め立ての話が出たことが。地元住民が清掃などの努力をしてくれたおかげで、美しい浜が存続しています。

香川 琴平 小豆島 直島 交通ガイド

香川の玄関口・高松へはJRをはじめ飛行機、高速バス、フェリー・高速船など
さまざまな交通機関が選べます。ここでは主なルートをピックアップして紹介します。

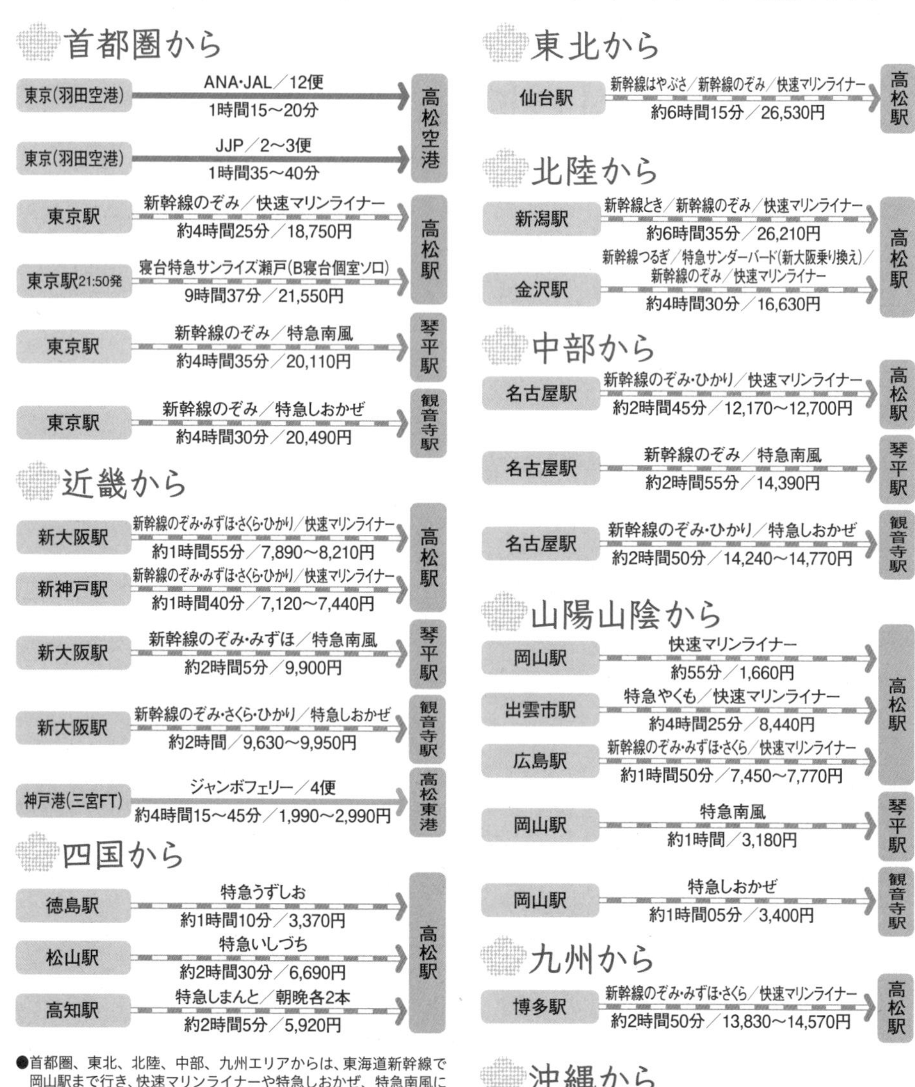

●首都圏、東北、北陸、中部、九州エリアからは、東海道新幹線で岡山駅まで行き、快速マリンライナーや特急しおかぜ、特急南風に乗り換える。

※運賃、便数などは2024年4月現在のものです。所要時間は、利用する列車、バスにより異なります。
※JRのねだんは通常期に特急の普通車指定席を利用した場合のものです(快速マリンライナーは自由席のねだんです)。

夜行バスで香川へ

◎高松駅は高速BT発着　※IC＝インターチェンジバスターミナル

出発地・出発時刻	到着地・到着時刻	所要時間	片道運賃	バス愛称名	問合先
バスタ新宿発 21:15 ／2号車以降は新宿西口臨時バス乗り場26番 （横浜駅西口発 22:15）	高松駅着 7:45	10時間30分	8,900～11,400円	ハローブリッジ号	西東京バス（予約は京王バス）
	坂出駅着 8:20	11時間05分	9,400～11,600円		
	善通寺IC着 8:43	11時間28分	9,400～11,600円		
	丸亀駅着 8:58	11時間43分	9,400～11,600円		
名古屋駅新幹線口発 23:00 （松山行き）	高松駅着 6:38	7時間38分	5,600～9,000円	オリーブ松山号	JR東海バス
	坂出IC着 7:23	8時間23分	5,600～9,000円		
名古屋・名鉄バスセンター発 23:10	高松駅着 6:00	6時間50分	5,600～8,100円	さぬきエクスプレス名古屋号	四国高速バス（予約は名鉄バス）
	坂出駅着 6:35	7時間25分	5,600～8,100円		
	丸亀駅着 7:10	8時間	5,600～8,100円		
西鉄天神高速BT発 22:10 （博多BT発 22:30） （小倉駅前発 23:40）	坂出駅着 6:17	8時間07分	7,200～9,700円	さぬきエクスプレス福岡号	四国高速バス（予約は西鉄バス）
	丸亀駅着 6:41	8時間31分	7,200～9,700円		
	高松駅着 7:37	9時間27分	7,200～9,700円		

フェリーでへ小豆島・豊島・直島・犬島・男木島・女木島へ

●本州・高松から小豆島へ

神戸（三宮）・高松・新岡山・宇野・姫路からの航路があるが、便数が多いのは高松港と新岡山港から。高松港からは、土庄港行きのほか池田港への便も出ており、土庄港へは高速船も就航している。小豆島へのフェリーは夏期や紅葉シーズンには混雑することもあるので、車を一緒に載せる場合は早めの予約を。なお、フェリー・高速船は悪天候やドック入りなどで欠航や減便する場合がある。乗船の際には確認を。フェリーの自動車運賃は4～5m未満の乗用車のもので、混雑する夏期などは必ず予約したい。

	出発地	到着地	船種	所要時間	2等運賃	自動車運賃	便数（1日）	運航会社
小豆島へ	神戸港（三宮FT）	坂手港	フェリー	3時間20分*1)	1,990円*2)	9,230円～*2)	3～4便*1)	ジャンボフェリー
	姫路港	福田港	フェリー	1時間40分	1,710円	9,850円	7便	小豆島フェリー
	新岡山港	土庄港	フェリー	1時間10分	1,200円	8,250円	8便	国際両備フェリー・四国フェリー
	宇野港	土庄港	フェリー	1時間29分	1,260円	8,750円	2～3便	小豆島豊島フェリー
			旅客船	1時間	1,260円	―	3便	
	家浦港（豊島）	土庄港	フェリー	49分	780円	5,490円	3便	小豆島豊島フェリー
			旅客船	35分	780円	―	4便	
	唐櫃港（豊島）		フェリー	29分	490円	4,620円	3便*3)	
	高松港	土庄港	フェリー	1時間	700円	6,330円	14～15便	小豆島フェリー・四国フェリー
			高速船	35分	1,400円	―	15～16便*4)	
	高松港	池田港	フェリー	1時間	700円	6,330円	11便	国際両備フェリー
	高松東港	坂手港	フェリー	1時間15分	700円	6,330円	2～3便	ジャンボフェリー
豊島へ	高松港	家浦港（豊島）	高速船	35～50分	1,350円	―	3～5便*5)	豊島フェリー
	土庄港	家浦港（豊島）	フェリー	50分	780円	5,490円	3便	小豆島豊島フェリー
			旅客船	35分	780円	―	4便	
	宇野港	家浦港（豊島）	フェリー	40分	780円	5,490円	3～4便	小豆島豊島フェリー
			旅客船	25分	780円	―	4便	
		唐櫃港（豊島）	フェリー	1時間	1,050円	6,740円	2～3便*6)	
	本村港（直島）	家浦港（豊島）	高速船	20分	630円	―	特定日1～2便*7)	豊島フェリー
	宮浦港（直島）	家浦港（豊島）	高速船	22分	630円	―	特定日3便*8)	四国汽船
直島へ	高松港	宮浦港（直島）	フェリー	50分	520円	5,500円	5便	四国汽船
			高速船	30分	1,220円	―	3便	
	高松港	本村港（直島）	高速船	30分	1,220円	―	特定日1～2便*7)	豊島フェリー
	宇野港	宮浦港（直島）	フェリー	20分	300円	2,520円	13便	四国汽船
			旅客船	15分	300円*9)	―	3便*9)	
	宇野港	本村港（直島）	旅客船	20分	300円	―	5便	
犬島へ	宮浦港（直島）	犬島	高速船	52～55分	1,880円	―	特定日3便*10)	四国汽船
	宝伝港（岡山）	犬島	旅客船	10分	400円	―	6～8便	あけぼの丸
男木島・女木島へ	高松港	女木島	フェリー	20分	370円	3,210円	6～12便	雌雄島海運
		男木島	フェリー	40分	510円	5,660円	6便	
	女木島	男木島	フェリー	20分	240円	2,670円	6便	

*1)＝1便は夜行便で高松東港経由となり所要6時間15～30分　*2)＝土・日曜、祝日の利用および夜行便は各500円を加算　*3)＝ほかに旅客船1日4便あり、所要20分　*4)＝夜行便1便は当面の間欠航　*5)＝うち通年の土・日曜、祝日と3月20日～11月30日の水～金曜は1～2便が直島（本村港）経由で所要50分　*6)＝ほかに旅客船1日3便あり、所要40分　*7)＝通年土・日曜、祝日運航。3月20日～11月30日の水～金曜は高松→豊島→直島方向のみ1便運航　*8)＝3～11月は火曜休航、12～2月は火～木曜休航。いずれも祝日は運航、豊島美術館休館日は休航　*9)＝1便は夜間便で590円　*10)＝3～11月は火曜休航、12～2月は火～木曜休航。いずれも祝日は運航、犬島精錬所美術館休館日は休航

※自動車運賃はすべて通常期の5m未満の乗用車のものを掲載。別途燃油サーチャージが加算される場合があります。

香川での交通

香川県の交通の中心はJR各線が発着する高松駅。JR高松駅の東約250mに高松琴平電鉄の高松築港駅もある。県内の路線バスもうまく活用して観光地を目指そう。

鉄道でまわる

※所要時間・ねだんは最も左の駅からのものです。

●高松～琴平（JR予讃線～土讃線）

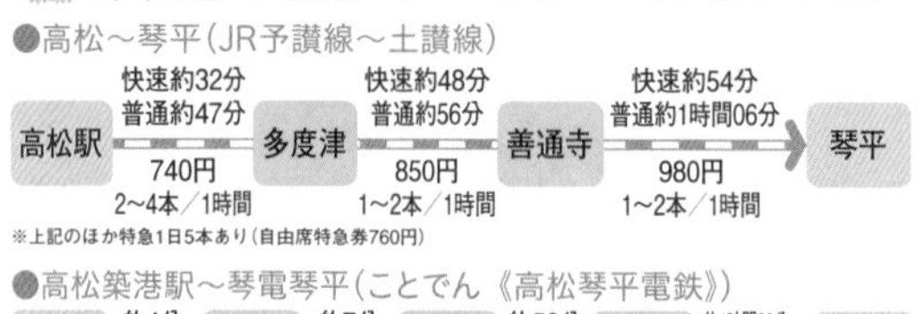

※上記のほか特急1日5本あり（自由席特急券760円）

●高松築港駅～琴電琴平（ことでん《高松琴平電鉄》）

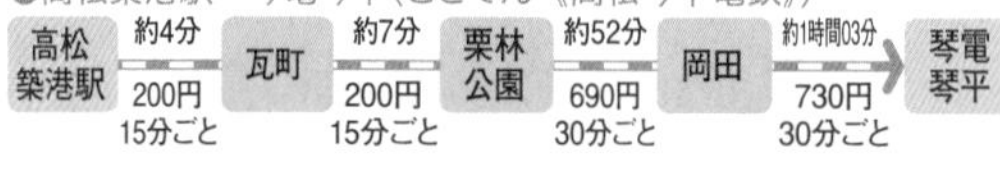

●高松～観音寺（JR予讃線）

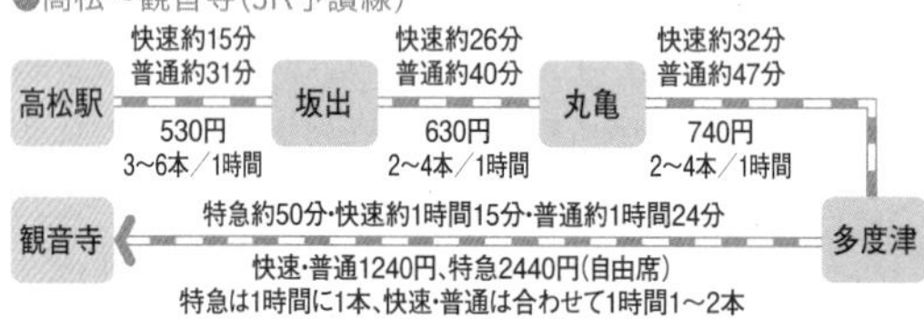

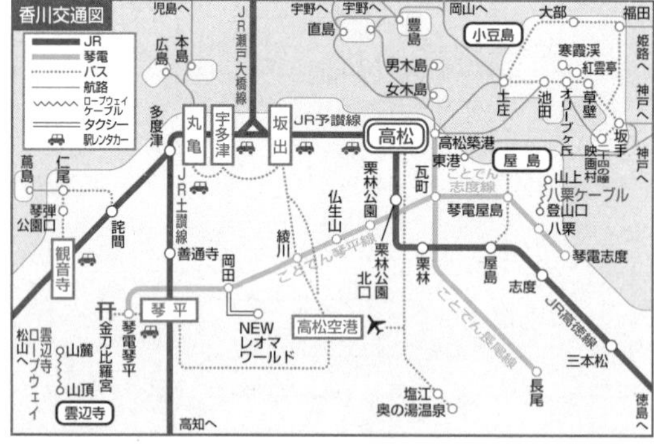

おトクなきっぷを活用しよう

●ことでん・JRくるり～んきっぷ

JR四国の高松～多度津～琴平間・高松～志度間の快速・普通列車と、ことでんの電車全線が1日乗り放題のフリーきっぷで2200円。高松～琴平間の往復がJRで1980円、ことでんで1460円なので、こんぴらさんに加えて栗林公園や屋島、丸亀などをまわる場合は見逃せない。発売はJR四国の主な駅やことでんの高松築港・瓦町・琴電琴平など有人駅。JRの特急乗車には別に特急券が必要になる。

●ことでん1日フリーきっぷ

ことでんの電車全線が1日乗り降り自由のお得なきっぷで、ねだんは1400円。高松築港駅～琴電琴平駅の往復が1460円なので、高松からこんぴらさんの往復だけでもお得。高松築港・瓦町・琴電琴平、琴電志度など有人駅で発売。

●四国再発見早トクきっぷ

土・日曜、祝日のうちの1日、JR四国の鉄道線（宇多津～児島間を含む）の快速・普通列車と路線バス（高速バスを除く）が乗り放題で2400円。高松～観音寺間往復が2480円なので、途中下車しなくてもモトがとれ、他県へ足を延ばすことも可能。ただし別に特急券を購入しても特急には乗車できない。JR四国の主な駅などで出発の前日まで発売。乗車当日の購入はできない。

●小豆島フリー乗車券

全島をカバーする小豆島オリーブ交通の路線バス全線が、1日乗り降り自由で1000円、2日券は1500円。バスで観光してまわるのに便利でお得。土庄港観光センターやフェリー各港、バス車内のほか、島内主要ホテルでも発売。

バスでまわる

●屋島

●小豆島

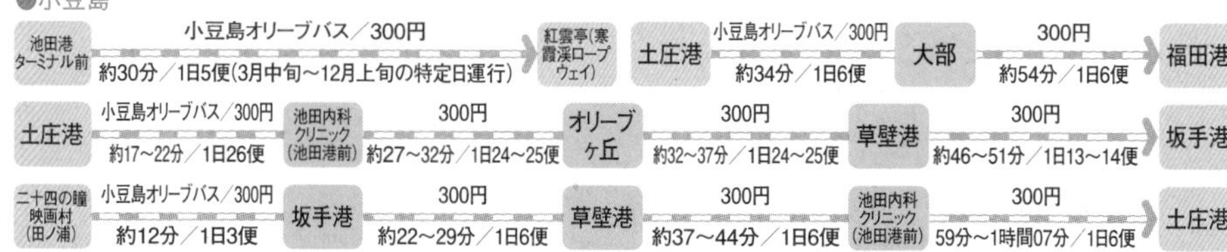

◎二十四の瞳映画村へはオリーブナビ桟橋（オリーブ公園口バス停下車）から渡し舟もある。所要10分、片道500円。3月16日～11月30日の9:30～16:30の間、随時運航（春休み・GW・夏休み・9月を除く水・木曜と荒天時休航。祝日は運航）。☎ 090-7781-5112（渡し舟船頭）。渡し舟往復と映画村入場券のセットもあり、1,800～1,900円。

ドライブ情報をチェック

本州から香川県へクルマで入るには、①神戸淡路鳴門自動車道経由ルート、②瀬戸中央自動車道経由ルート、③フェリー利用の3つがある。時間があれば、瀬戸中央道、神戸淡路鳴門道、あるいは瀬戸内しまなみ海道を組み合わせた周遊コースを組むと変化に富んだドライブが楽しめる。

①神戸淡路鳴門自動車道経由ルート

●中国吹田IC～鳴門IC～高松中央IC　202km　約2時間25分
●神戸西IC～鳴門IC～高松中央IC　146km　約1時間45分

「明石海峡大橋」を渡って神戸淡路鳴門道を走り、鳴門ICから高松道へ入り、市街に近い高松中央ICまで一気に行けるルート。関西方面から高松へは、山陽・瀬戸中央道利用のルートと比べると約65km短く、所要時間も短くて済む。

神戸淡路鳴門道へは、中国道や名神高速利用の場合は、山陽道三木JCTから分かれた神戸西ICから入る。阪神方面からなら、阪神高速3号線とそれに続く第二神明道路をたどって垂水JCTから入るルートが便利だ。なお、垂水JCTは入出路が複雑なので、標識を見落とさないように注意しよう。

③神戸・宇野からフェリー利用

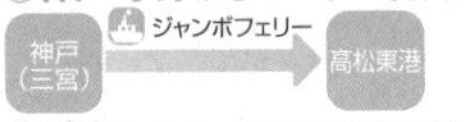

●4時間15～45分　自動車運賃（普通車）6,230～7,230円

三宮フェリーターミナルから乗船する。明石海峡大橋をくぐり、小豆島や屋島を眺めながら船内でゆっくりくつろげるのが何より魅力。1日4便の運航、うち1便は夜行便で、追加料金が必要。

②瀬戸中央自動車道経由ルート

●岡山IC～坂出JCT～高松西IC　71km　約55分
●中国吹田IC～坂出JCT～高松西IC　239km　約2時間50分
●神戸西IC～坂出JCT～高松西IC　202km　約2時間25分

岡山・広島など中国地方から香川へ入る場合は、このルートが早い。山陽道から倉敷JCT経由で瀬戸中央道に入り、瀬戸大橋を渡って坂出JCTから高松道へ入る。

関西方面から善通寺方面へ直行する場合は、距離では①の神戸淡路鳴門道ルートと②の瀬戸中央道ルートはほとんど変わらないが、通行料金では②の瀬戸中央道経由のほうが安い。

おトクなきっぷを活用しよう

●レール&レンタカーきっぷ

事前にインターネットで駅レンタカーの予約をしておき、JRの乗車券（通算201km以上、出発駅から駅レンタカー利用駅まで101km以上必要）と一緒に駅レンタカー券を購入すると、同乗者全員のJR運賃が2割引、特急料金が1割引（のぞみ、みずほを除く）になり、駅レンタカーもお得な料金になる。ただし、4月27日～5月6日、8月10～19日、12月28日～1月6日は、JRの運賃・料金の割引はない。本誌エリアの駅レンタカーの営業所は、高松、坂出、宇多津、丸亀、観音寺の各駅にある。

高速道路の普通車通行料金〈左上:円〉と区間距離〈右下:km〉

…	…	6,910	6,770	6,480	6,370	7,380	6,880	6,490	6,180	5,830	5,200	…	…	中国吹田
…	…	6,650	6,410	6,020	4,840	6,480	5,190	4,790	4,480	4,140	3,340	…	神戸西	…
…	…	3,830	3,590	3,190	2,930	3,370	3,610	3,990	4,310	4,660	5,290	岡山	…	…
4,160	4,800	3,310	3,070	2,680	2,530	—	1,850	1,450	1,140	800	鳴門	135.6	89.0	145.6
4,280	4,840	2,690	2,440	2,050	1,900	—	1,220	820	510	引田	23.3	112.3	112.3	168.9
4,020	4,580	2,340	2,090	1,700	1,550	—	870	310	津田東	12.9	36.2	99.4	125.2	181.8
3,700	4,260	2,020	1,770	1,380	1,230	—	550	志度	8.6	21.5	44.8	90.8	133.8	190.4
3,350	3,910	1,640	1,390	1,000	840	—	高松中央	11.5	20.1	33.0	56.3	79.3	145.3	201.9
3,170	3,730	1,390	1,150	750	600	高松西	—	—	—	—	—	70.3	201.3	238.7
2,920	3,480	1,070	820	420	坂出	16.1	25.1	36.6	45.2	58.1	81.4	54.2	185.2	222.6
2,680	3,290	810	520	善通寺	9.6	21.7	30.7	42.2	50.8	63.7	87.0	63.8	176.0	232.2
2,280	2,990	370	さぬき豊中	14.6	24.2	36.3	45.3	56.8	65.4	78.3	101.6	78.4	190.6	246.8
2,040	2,780	大野原	9.1	23.7	33.3	45.4	54.4	65.9	74.5	87.4	110.7	87.5	199.7	255.9
…	松山	96.7	105.8	120.4	130.0	142.1	151.1	162.6	171.2	184.1	207.4	184.2	296.4	352.6
高知	…	69.2	78.3	92.9	102.5	114.6	123.6	135.1	143.7	156.6	179.9	156.7	268.9	325.1

※ETC利用（平日）の通行料金を掲載しています。現金払いでは異なることがあります。　は神戸淡路鳴門自動車道経由。　は瀬戸中央自動車道経由。

☎問合先

飛行機

●ANA（全日空）
☎0570-029-222

●JAL（日本航空）
☎0570-025-071

●JJP（ジェットスター）
☎0570-550-538

鉄道

●JR四国
☎0570-00-4592

●高松琴平電気鉄道（ことでん運輸サービス部）
☎087-863-7300

バス

●ことでんバス（運輸サービス部）
☎087-821-3033

●琴参バス
☎0877-22-9191

●琴平バス（参拝登山シャトルバス）
☎050-3537-5678

●琴空（きんくう）バス
☎0877-75-2920

●小豆島オリーブバス
☎0879-62-0171

フェリー・旅客船

●ジャンボフェリー
☎087-811-6688

●国際両備フェリー（高松）
☎050-3615-6352

●四国フェリー
☎087-851-0131

●小豆島フェリー（高松）
☎087-822-4383
（高速船）
☎087-821-9436

●小豆島豊島フェリー
☎0879-62-1348

●四国汽船
☎087-821-5100

●豊島フェリー
☎087-851-4491

●あけぼの丸（犬島渡船）
☎086-947-0912

●雌雄島海運
☎087-821-7912

香川の知っておきたい エトセトラ

香川への興味が深まる本やプランに取り入れたいイベントなど、旅の前のちょっとした予習に役立つ情報をご紹介します。

読んでおきたい本・漫画

訪れる前に読んでみたら、作品の面影を身近に感じながら観光を楽しむことができるかも。

『二十四の瞳』

新任教師として小豆島の分校に赴任した大石久子は、12人の1年生を受け持つ。やがて久子は本校へ転任。その後、分校に戻った久子は、かつての教え子たちと再会する。

壺井 栄 著／角川文庫 ※カバーの絵柄は(株)かまわぬのてぬぐい柄を使用しています。

『海辺のカフカ』

香川県高松市が舞台の作品。誕生日に東京の実家を家出した15歳の少年が、四国・高松で不思議な出来事を経験し、成長していくストーリー。

村上春樹 著／新潮文庫刊

『からかい上手の高木さん』

西片と隣の席の高木さん。不器用な2人が「からかい」を通して少しずつ距離を縮めていく青春ラブコメディ。アニメ、実写ドラマ・映画では著者の出身地である小豆島が舞台として描かれている。

©山本崇一朗／小学館

『うどんの国の金色毛鞠』

香川県高松市が舞台の作品。香川県にある人気讃岐うどん店の息子として生まれた俵宗太と化け狸「ポコ」の心温まる、ちょっと変わった家族の物語。

©篠丸のどか／新潮社

気になるロケ地

絵になる街並みは、アニメの舞台となり、ドラマや映画のロケが行われることもしばしば。

小豆島（中山千枚田、寒霞渓ほか）

映画『八日目の蟬』のロケ地。標高150～250mの山肌沿いに、大小758枚の田が連なるさまはまさに圧巻。ストーリー展開の鍵になる伝統行事「虫送り」が幻想的に描かれている。

DATA ☞P41・45

高松空港

2003年に制作された映画『世界の中心で、愛をさけぶ』のロケ地。物語のクライマックスが撮影された場所として話題になった。

MAP 折込裏D5

高松丸亀町商店街

TBS金曜ドラマ『Nのために』のロケ地。希美（榮倉奈々）と成瀬（窪田正孝）が東京の大学の資料や参考書を買いに行った書店などがある。

MAP 折込表E5

祭り・イベント

季節に合わせたイベントや、地元で受け継がれてきた祭りに合わせて訪れれば、より充実した旅になるはず。

丸亀 5月3・4日

まるがめおしろまつり

丸亀お城まつり

丸亀市の亀山公園とその周辺で5月のゴールデンウィークに開催。獅子舞競演や丸亀おどりが行われる。

☎0877-43-2363（丸亀お城まつり協賛会）

観音寺 7月中旬

かんおんじぜにがたまつり

かんおんじ銭形まつり

観音寺市の夏の風物詩。花火に銭形おどり、特別演舞やゼニガタライブなどで盛り上がる。

☎0875-25-3073（観音寺商工会議所）

高松 8月中旬

さぬきたかまつまつり

さぬき高松まつり

四国の四大祭りの一つで、讃岐路の真夏の夜を彩る祭典として知られる。祭りのクライマックスの総おどり「喜舞笑舞（きまいわらいまい）」は必見。

☎087-839-2416（高松市観光交流課）

善通寺 11月3日

ぜんつうじくうかいまつり

善通寺空海まつり

空海の父の命日に行われる奉賛行事と伝統芸能を合わせた祭り。のど自慢大会、演歌歌手の競演をはじめ、各地区の獅子舞など郷土芸能が奉納される。

☎0877-63-6315（善通寺市商工観光課）

コレは食べておきたい

瀬戸内海の穏やかな気候と豊かな土壌に育まれた独自の食文化が根づく香川で外せない名物を堪能したい。

さぬきうどん

瀬戸内産のイリコを使っただしはコシの強い手打ち麺と相性抜群。どんなトッピングも受け入れる懐の深さも魅力。☞P32・82

骨付鳥

骨付きの鶏モモ肉をにんにくたっぷりのスパイスで味付けし、まるごと焼き上げる豪快な一品。親鶏と若鶏の2種類がある。☞P98

オリーブグルメ

オリーブ飼料で育てた牛や豚、鶏にハマチなど、オリーブの恵みが育んだブランド肉や県魚ハマチはぜひ味わいたい。☞P85

ソフトクリーム

カラフルなお菓子をトッピングしたものから、醤油や佃煮など意外なものと組み合わせたソフトクリームまでさまざま。☞P25

手延べそうめん

小豆島のごま油をぬりながら練った生地を、極細の糸状になるまでのばし、天日でゆっくり乾燥。独特の風味と歯ごたえが評判。☞P47

醤油グルメ

約400年の歴史を誇る小豆島の醤油造り。木桶を使った伝統の製法で造られる醤油は深いコクと香りが自慢。☞P52

瀬戸内海の恵み

天然の生簀とよばれるほど水産物が豊富な瀬戸内海。一年を通して新鮮な魚介が味わえる。

伝統工芸品

香川県には、国の伝統的工芸品となっている香川漆器、丸亀うちわをはじめ数多くの伝統工芸品があります。

香川漆器

江戸時代に高松藩主・松平家が振興・保護したのが始まり。5つの技法は、国の伝統的工芸品に指定されている。

丸亀うちわ

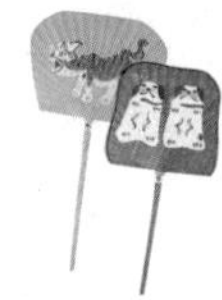

江戸時代にこんぴら参りのみやげ品として、「金」の文字入りのうちわが全国に広まったのが始まり。日本のうちわの9割が香川で作られている。

高松張子

粘土や木の型に和紙を張り重ねて作った人形。江戸時代、松平頼重が讃岐高松藩に入る際に製法が伝えられたとされている。

讃岐提灯

四国八十八ヶ所奉納提灯として誕生。寺社特有の図柄や紋様が用いられた提灯が、今なお神社仏閣に飾られている。

菓子木型

四季の自然や動植物を芸術的に表現する和菓子の成型に使われる菓子木型。明治30年ごろから作られ始めた。

方言

その土地に根付いた言葉との出合いも、旅の楽しみの一つです。事前に知っておけば旅先で役に立つかも!?

きまい…おいでなさい
なんがでっきょんな…なにしてるの？
おなかがおきた…お腹いっぱいになった
〜げな…〜のような
まけた…こぼれる、あふれる
ほんだらの…じゃあね
まんでがん…残らず全部、まるっきり

気候・旅のアドバイス

春 3月は肌寒い日が続き、4月は薄手のジャケットやコート、5月はカーディガンや長袖シャツがあると◎。4・5月は天気が崩れやすいので雨具を準備して。紫雲出山の桜も見頃を迎える。

夏 6月は降水量も増え蒸し暑い。8月は日によって猛暑日を記録することもあるが、バスや電車、室内は冷房が効いているので温度調節できる服装がベター。花火大会などのお祭りも開催。

秋 9月下旬から段々と肌寒くなってくるので、カーディガンや長袖シャツを準備して。10月、11月と寒さが増してくるので上着が必要。国営讃岐まんのう公園のコキアが赤く色づく季節。

冬 朝夜は特に寒さが厳しくなるので、厚手のコートはもちろん、手袋や帽子などの防寒対策を必ず準備して。レオマリゾートなどイルミネーションも各地で見られる。

日本一〇〇な香川

47都道府県のなかで最も面積が小さい香川県。面積最小以外にも日本一〇〇な情報の一部をご紹介。

うどん王国は消費量もダントツ！

約500軒のうどん店がひしめく香川。人口に対する店数、高松市における一世帯あたりのうどん支出額ともに堂々の1位! (2023年家計調査結果調べ)

日本一狭い・小豆島の土渕海峡（どふちかいきょう）

土庄町前島と本島の間を流れる土渕海峡。最も狭いところは9.93m。「世界で一番狭い海峡」としてギネス認定されている。

オリーブの生産量日本一

日本のなかでは温暖で雨が少なく、オリーブ栽培に適した香川では、国産オリーブ果実の96%以上を生み出している。

日本最大の灌漑用ため池・満濃池（まんのういけ）

「讃岐の水がめ」として水をたたえながら海のように広がる満濃池。創築は大宝年間といわれ、1540万tの貯水量を誇る。

INDEX さくいん

琴平

小豆島

直島・アートな島々

観光みどころ 寺社仏閣 プレイスポット レストラン・食事処 カフェ・喫茶 みやげ店・ショップ 宿泊施設

高松

ひと足延ばして

ココミル cocomiru

香川
琴平 小豆島 直島

中国四国⑥

2024年6月15日初版印刷
2024年7月1日初版発行

編集人：平原聖子
発行人：盛崎宏行
発行所：JTBパブリッシング
〒135-8165
東京都江東区豊洲5-6-36 豊洲プライムスクエア11階

編集・制作：情報メディア編集部
編集デスク：橋明美
取材・編集：K&Bパブリッシャーズ
ワード（森洸之進／上田美知野）／岡公美／高橋三佳子
村上智美／若林宏美／伊藤麻衣子／遠藤優子／間貞麿

アートディレクション：APRIL FOOL Inc.
表紙デザイン：APRIL FOOL Inc.
本文デザイン：APRIL FOOL Inc.
K&Bパブリッシャーズ
イラスト：平澤まりこ
撮影・写真：國方祐介／ Fizm LCC.（加藤真由）／ PIXTA
関係各市町村・施設
地図：ゼンリン／ジェイ・マップ
K&Bパブリッシャーズ
組版・印刷所：佐川印刷

編集内容や、商品の乱丁・落丁の
お問合せはこちら

JTB パブリッシング お問合せ

https://jtbpublishing.co.jp/contact/service/

本誌に掲載した地図は以下を使用しています。
測量法に基づく国土地理院長承認（使用）R 5JHs 167-211号、R 5JHs 168-088号

●本書掲載のデータは2024年4月末日現在のものです。発行後に、料金、営業時間、定休日、メニュー等の営業内容が変更になることや、臨時休業等で利用できない場合があります。また、各種データを含めた掲載内容の正確性には万全を期しておりますが、お出かけの際には電話等で事前に確認・予約されることをお勧めいたします。なお、本書に掲載された内容による損害賠償等は、弊社では保障いたしかねますので、予めご了承くださいますようお願いいたします。●本書掲載の商品は一例です。売り切れや変更の場合もありますので、ご了承ください。●本書掲載の料金は消費税込みの料金ですが、変更されることがありますので、ご利用の際はご注意ください。入園料などで特記のないものは大人料金です。●定休日は、年末年始・お盆休み・ゴールデンウィークを省略しています。●本書掲載の利用時間は、特記以外原則として開店（館）～閉店（館）です。オーダーストップや入店（館）時間は通常閉店（館）時刻の30分～1時間前ですのでご注意ください。●本書掲載の交通表記における所要時間はあくまでも目安ですのでご注意ください。●本書掲載の宿泊料金は、原則としてシングル・ツインは1室あたりの室料です。1泊2食、1泊朝食、素泊に関しては、1室2名で宿泊した場合の1名料金です。料金は消費税、サービス料込みで掲載しています。季節や人数によって変動しますので、お気をつけください。●本誌掲載の温泉の泉質・効能等は、各施設からの回答をもとに原稿を作成しています。

本書の取材・執筆にあたり、
ご協力いただきました関係各位に厚くお礼申し上げます。

おでかけ情報満載 https://rurubu.jp/andmore/

243202 280470
ISBN978-4-533-16056-1 C2026

2407